mnm2

interiores minimalistas

minimalist interiors

mnm2

interiores minimalistas

minimalist interiors

Autora Author: Laura O'Bryan

Coordinación editorial Editorial coordination: Nacho Asensio

Texto español Spanish text: Alejandro Bahamón, Aurora Cuito, Ana G. Cañizares

Texto inglés English text: Bill Bain, Harry Paul, Juliet King

Diseño gráfico Graphic design: Emma Termes Parera

Producción Production: Juanjo Rodríguez Novel

Copyright © 2002 para la edición mundial
Copyright © 2002 for worlwide edition:
Atrium Internacional de México S.A. de C.V.
Fresas, 60. Colonia del Valle. México DF 03200
Tel.: + 525 575 9094 Fax: + 525 559 2152
atriumex@laneta.apc.org

ISBN edición española ISBN spanish edition: 84-95692-90-2
ISBN edición inglesa ISBN english edition: 84-95692-91-0

Dep. Legal: B-11.225-2002

introducción

Este libro presenta una visión de la corriente minimalista y sus influencias en la decoración de interiores. Las obras elegidas, si bien pueden no ser en ocasiones obras etiquetadas con el sello minimalista, sí es cierto que reflejan de un modo muy claro esta sensibilidad que ha ido influenciando otras áreas como la arquitectura, el arte, la moda, la música y el diseño. Con el agotamiento de la modernidad, y frente a una fuerte crisis de valores, creció el minimal art, referencia indiscutible de todo el posterior movimento minimalista, que en lo que hace referencia a la arquitectura y decoración, encuentra como fuente de inspiración a algunos maestros de la modernidad como Mies van der Rohe o Le Corbusier.

Una de las razones por las que el minimalismo se ha convertido en una corriente de culto es que ha proporcionado verdaderos objetos de lujo. Es lo que precisamente ocurre con los proyectos seleccionado en las páginas siguientes: no solo se trata de que aspecto tienen las cosas, sino de un sistema de diseño y construcción preciso que embelesa al propietario-usuario y le ofrece unos acabados aparentemente sencillos.

Este libro demuestra, mediante un repaso exhaustivo, que sólo algunos irreflexivos han confundido interiores minimalistas con espacios vacíos y que este estilo consiste en alcanzar la esencia de las cosas y no en llegar a la nada.

introduction

This book offers an overview of the minimalist trend and the influence it has had on interior decoration. The projects chosen, although they can't always be labeled as minimalist, do clearly reflect the impact of this movement on architecture, art, fashion, music and design. As the modern movement gradually began to fade out, at a time when there was a deep crisis in values, minimal art came into its own and then went on to become an unmistakable reference for the subsequent minimalist movement, as exemplified in the architecture and decoration fields by the inspiring works of the modern masters Mies van der Rohe and Le Corbusier.

One of the reasons why minimalism became a cult movement is that credit for many truly luxurious creations must be laid at its door, and this is precisely what the projects selected for these pages reveal. It is not just a mere question of the way things look, but rather a whole design and construction approach which, despite the apparent unpretentiousness of the finishes, captivates the owner or dweller.

This book shows, by displaying an exhaustive range of possibilities, that only an ill-considered opinion could confuse minimalist interiors with empty spaces. Minimalism is a style that aims at reaching the essence of the things. It is the opposite of void and nothingness.

Arquitectos **Architects**: Archikubik

Fotógrafo **Photographer**: Eugeni Pons

Ubicación **Location**: Barcelona, España/Barcelona, Spain

Fecha de construcción **Completion date**: 2001

Superficie **Floor space**: 130m²/1,398 sq. ft

Casa Flex

Este loft era un gran espacio que, gracias a sus características estructurales y formales, ofrecía una gran diversidad de opciones para su reforma. Los arquitectos, que partieron de la liberación del espacio, multiplicaron estas condiciones creando flexibilidad en la vivienda. Concibieron el proyecto como un espacio que puede replantearse según la actividad que los usuarios vayan a desarrollar.

La zona de día y la zona de noche quedan separadas por el elemento que alberga el baño, un cubo cuyas paredes no llegan al techo y al que puede accederse desde ambos ambientes. De esta manera se conserva la sensación de amplitud y las vigas de madera del techo quedan completamente a la vista. Los espacios se configuran a partir de paneles, armarios móviles y muebles estructurales. La idea fundamental es conseguir que la luz circule por todas las estancias y que los habitantes modifiquen su vivienda según sus necesidades. Un panel rojo que se desliza gracias a una guía puede actuar como división del salón o bien separar la cocina del comedor según se elija, ya que se trata de un elemento que articula todos los ambientes. Las puertas del baño también son correderas, lo que contribuye a que el espacio se amplíe y cambie de formas.

Todas las piezas principales, cocina, armarios y almacenes, pueden caber en un contenedor, permitiendo transponerlas a otro espacio y amortizando así la inversión. Todo el mobiliario móvil fue diseñado por Archikubik: las mesas, los módulos de la cocina y los de almacenaje son de madera contrachapada con acabado de aluminio. En los suelos se utilizó chapa de hormigón liso para enfatizar la continuidad espacial, y en las paredes, yeso y cerámica vitrificada. Las puertas correderas son de aluminio natural mate y cristal de seguridad con lámina de butilo que garantiza el aislamiento entre las diferentes áreas.

Partiendo de la base de que las viviendas tienen un carácter perecedero, este proyecto ha tomado en consideración la relación que actualmente se tiene con el espacio en el que se vive a la hora de proyectar un nuevo concepto de hogar.

Flex house

This loft was a large space that offered a range of renovation options. The architect started with the premise of clearing the space and enhancing its features in order to create a residence with flexibility.

The architect divided the space into a day zone and a night zone; these zones are separated by the element that constitutes the bathroom: a cube whose walls do not reach the ceiling and which can be integrated into the apartment on one side or the other. This solution preserves the loft's sensation of open space and allows the wooden ceiling beams to remain exposed. The various spaces are divided by panels, mobile containers, and structural pieces of furniture. The fundamental concept is to allow the residents to modify their home according to their needs while encouraging light to circulate throughout. A red panel can either divide the living room into two parts or separate the kitchen from the dining room at will. An element that integrates all the atmospheres, the red panel contrasts with the white walls of the rest of the space. The sliding bathroom doors also contribute to the idea that the space can be opened up and change form.

The kitchen, the closets, and storage space can all fit into a container, making it possible to save space by hiding them. Archikubik designed all the mobile furnishings: the tables, the kitchen modules, and the storage units, which are made out of plywood and finished in aluminum. For the floors, the architect used a smooth concrete veneer in order to emphasize spatial continuity. The walls feature plaster and vitrified Atoll ceramics. In order to guarantee privacy between the different areas, the sliding doors are made of natural matte aluminum and security glass, which is glued together using a special adhesive tape.

The resulting transformable, mobile architecture responds to contemporary needs and enriches the home's internal relations.

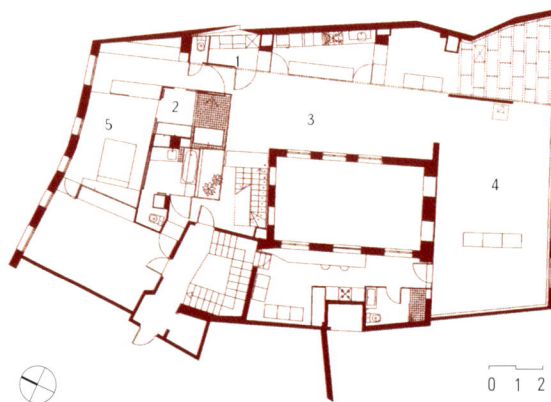

1. Cocina	1. Kitchen
2. Baño	2. Bathroom
3. Comedor	3. Dining room
4. Sala de estar	4. Living room
5. Dormitorio	5. Bedroom

0 1 2

El panel de madera de DM que recorre toda la vivienda en sentido longitudinal se convierte en un elemento de gran expresividad formal y funcional. Su desplazamiento a lo largo de la guía metálica altera las relaciones entre una función y otra así como la percepción y configuración del espacio.

The panel of DM wood that covers the length of the space is an element of great formal and functional expressiveness. Its movement along a metallic rail alters the relationships between one room and another. It also changes the perception and configuration of the space.

El baño se convierte en el elemento que comunica o separa la zona social de la zona de noche. En el interior de esta caja los detalles, los acabados y el mobiliario han sido configurados finamente para integrarse en cualquiera de los dos ambientes.

The bathroom is the element that links or separates the social zone from the sleeping area. Inside this box, the details, finishes, and furnishings were designed to merge with either atmosphere.

Arquitectos **Architects:** Pierre Hoet/In Store SA

Fotógrafo **Photographer:** Stella Rotger

Ubicación **Location:** Bruselas, Bélgica/Brussels, Belgium

Fecha de construcción **Completion date:** 2000

Superficie **Floorspace:** 160 m²/1,720 sq. ft.

Fuentes de luz

Este loft, situado en el centro de Bruselas, era una antigua marroquinería que el arquitecto Pierre Hoet acondicionó para una vivienda. Se trataba de crear un gran espacio abierto que mantuviera el espíritu de los antiguos talleres pero que dispusiera de intimidad en la habitación y el baño. El mismo arquitecto participó en la reforma del conjunto del edificio así como en la del local, situado en la planta baja, e intentó conservar siempre la estructura original empleando un mismo concepto para todo el proyecto.

El apartamento goza de amplias ventanas de acceso a un patio que aportan, junto con la claraboya del techo y las cristaleras que dan a la calle, una gran cantidad de luz natural. De los antiguos talleres se han conservado las columnas metálicas y la carpintería de hierro, que recuerdan el carácter industrial del edificio.

En esta reforma se han utilizado materiales sencillos. Para los suelos, por ejemplo, madera de encina, que aporta calidez y luminosidad. Los techos mantienen la estructura de cemento a la vista con unos paneles de yeso y se han pintado, al igual que las paredes, en tonos claros que aligeran aún más el espacio. Así destacan los pilares de hierro, las obras de arte que visten los muros y, además, se aprovecha la luz natural.

La cocina, de acero inoxidable, se diseñó especialmente para este apartamento sin divisiones, y se integra en la sala de estar de manera natural, como si se tratara de parte del mobiliario. Los muebles se sirven de la nobleza de la madera para mantener en el ambiente la suavidad de los tonos. Los sillones se agrupan alrededor de una mesa y definen en el espacio la zona del estar, el comedor y el estudio.

La amplitud del espacio, dividido únicamente para preservar la zona privada, propone una visión de conjunto desde cada extremo del apartamento permitiendo a su vez distinguir las diferentes áreas funcionales.

Sources in light

This loft, located in the center of Brussels, was an old leather workshop that the architect Pierre Hoet transformed into a residence. The idea was to create a large open space, maintaining the spirit of the former workshop, while keeping the bedroom and the bathroom private. Hoet not only participated in the renovation of this ground-floor site, but also helped remodel the entire building. His intention was to preserve the original structure of this apartment and to apply the same concept to the whole project.

This apartment has access to a patio with large windows that provide plenty of natural light. The skylight in the ceiling and the windows overlooking the street supply even more illumination. The architect preserved the metallic columns and the ironwork from the leather workshop in order to retain the building's industrial character. Simple materials were used for the renovation. The floors, for example, are covered with holm oak because of its warm and luminous qualities. Plaster panels, painted in light tones like the walls, enhance the exposed cement structure of the ceilings and brighten the space even more. This luminosity highlights the iron pillars and the works of art on the walls. The Boffi stainless steel kitchen, specially designed to fit this apartment without the use of partitions, is incorporated as if it were part of the furniture. The furnishings rely on the nobility of wood to maintain soft tones in the atmosphere. Armchairs grouped around a table define the zones of the living area, the dining room, and the studio. This ample space, divided only to give privacy to certain areas, is envisioned as a whole, but provides a clear distinction between the different functional areas.

Una antigua marroquinería en el centro de Bruselas aloja ahora un loft acondicionado como vivienda.

An old leather workshop in the center of Brussels, houses now a loft transformed into a residence.

Las columnas de hierro, originales de este antiguo espacio industrial, se trataron como objetos aislados que dialogan con el mobiliario o las piezas de arte. Estas anécdotas convierten a este espacio en un verdadero paisaje interior.

The iron columns, original to this former industrial space, are treated as isolated objects that communicate with the furnishings and the pieces of art. These columns help make the loft a true interior landscape.

El mobiliario, que evita caer en los estereotipos de diseño, configura el ambiente en cada rincón enfatizando el carácter diáfano del espacio.

The furnishings avoid design stereotypes and create ambience in every corner, emphasizing the loft's diaphanous character.

Arquitecto **Architect**: Luis Cuartas

Colaborador **Collaborator**: Guillermo Arias

Fotógrafo **Photographer**: Eduardo Consuegra

Ubicación **Location**: Bogotá, Colombia/Bogotá, Colombia

Fecha de construcción **Completion date**: 2000

Superficie **Floor space**: 90 m²/968 sq. ft.

Un recorrido continuo

Este proyecto, junto con el anterior, forma parte de una reforma integral que dos arquitectos efectuaron en una antigua vivienda del centro de Bogotá para establecer sus residencias personales. Éste ocupa la parte que en la distribución original comprendía la cocina, los servicios y el comedor.

Las condiciones compartidas de ambos proyectos, en cuanto a ubicación en la ciudad y estructura del edificio, dieron lugar a operaciones similares, como los cambios en la cubierta, la abertura hacia la vía arbolada o la liberación del espacio interior. Por otra parte, las diferentes necesidades y los propios conceptos arquitectónicos generaron espacios de vivienda muy diferentes.

Tras el derribo de las viejas particiones se planteó la nueva ubicación de las estancias que componen la vivienda con la intención de establecer diversas relaciones entre los espacios y un recorrido circular continuo que atraviesa toda la vivienda. Tras pasar el umbral de la puerta la circulación ofrece dos alternativas: por el lado izquierdo, la prolongación de una mesa de apoyo, que se extiende hasta el acceso, invita a entrar en la cocina. Por el lado derecho, un corredor, conformado por un banco de longitud considerable y una bañera integrada a una chimenea, conduce a la sala de estar, que sorprende por su doble altura. De ese punto parte una escalera de acero que lleva hasta una pasarela, que a su vez conduce a un pequeño estudio y la terraza, situada en la parte superior. Otra chimenea abierta en ambos lados marca el paso a una zona con menor altura, más íntima, que se abre a un balcón. El recorrido se cierra, después de atravesar la habitación y el vestidor, al llegar nuevamente a la cocina. Las instalaciones quedan ocultas bajo la cocina y el baño por una plataforma que enriquece las relaciones entre un espacio y otro.

Los materiales destacan el carácter de cada zona de la vivienda. En el área inmediata al acceso el suelo de cemento liso pintado se extiende hasta encontrar la tarima de madera en la zona más íntima. La estructura de acero y cristal de la pasarela otorga un aspecto ligero, mientras que los muros que conforman los volúmenes interiores dan sensación de solidez. Esta mezcla de texturas y superficies convierte la vivienda en un rico espacio para recorrer continuamente.

A continual path

This project, forms part of an integral reformation that two architects carried out on an old building in the center of Bogotá. The architects transformed the space into their personal residences. This particular project occupies the part of the building that previously contained the kitchen, the services, and the dining room.

These circumstances inspired similar operations in terms of alterations to the roof, an opening towards the tree-lined street, and the clearing of the interior space. After demolishing the existing walls, the architects envisioned the location of the new pieces that make up the residence. The goal was to create a continual space with diverse relationships between the different areas, and a circular, continual path that covers the entire residence. After crossing the entryway, the circulation offers two alternatives. On the left side, a table extends all the way to the door and invites entry into the kitchen. On the right side, a corridor containing a large bench and a bath integrated with the chimney, leads to the living room, which features unexpectedly high ceilings. From here, a steel stair leads to a walkway where there is a small studio linked to a terrace. The chimney is open on both sides and paves the way to a more intimate zone with shorter ceilings, which opens onto the balcony and overlooks the tree-lined street. After crossing the bedroom and the closet, the path ends, arriving once again at the kitchen. An elevated platform under the kitchen and bathroom conceals the installations and enriches the relationship between the spaces. The materials define the character of each zone. In the entryway, the smooth, painted cement floor continues until a wood dais in the more intimate area replaces it. The steel and glass structure of the walkway creates an aspect of lightness, while the walls that make up the interior volumes give a sensation of solidity.

1. Cocina	1. Kitchen
2. Baño	2. Bathroom
3. Comedor	3. Dinning room
4. Terraza	4. Terrace
5. Dormitorio	5. Bedroom
6. Dormitorio infantil	6. Children's bedroom
7. Vestíbulo	7. Hall
8. Cocina	8. Kitchen
9. Armario	9. Cabinet
10. Habitación	10. Room
11. Sala de estar	11. Living room
12. Terraza	12. Terrace
13. Baño	13. Bathroom

Planta distribución anterior
Previous floor distribution

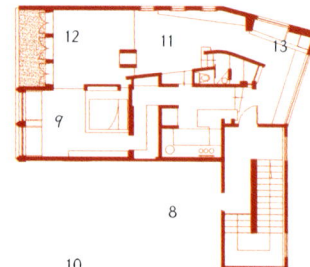

Planta distribución actual
Present floor distribution

0 1 2

Los muebles para almacenar discos y la biblioteca están incorporados en la misma arquitectura interior con un cuidadoso diseño que subraya el juego de superficies y texturas.

The disk storage cabinets and the bookshelves form part of the interior architecture. This careful design emphasizes the play of surfaces and textures.

La configuración interior hace que el recorrido atraviese todas las estancias; así se puede disfrutar de cada ambiente al tiempo que se saca el mayor partido al área de la vivienda.

Due to the apartment's interior configuration, the path crosses all the spaces, allowing the resident to enjoy each atmosphere while making the most of the dimensions.

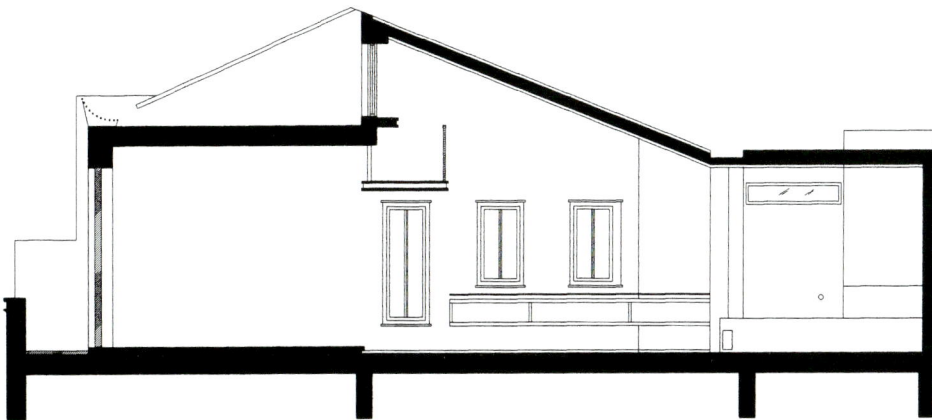

Sección transversal
Transversal section

La cocina tiene una ubicación privilegiada gracias a la cual goza de una práctica y agradable luz cenital.

A skylight in the kitchen, located in the center of the apartment, permits this space to enjoy natural light.

Arquitecto Architect: Manuel Ocaña del Valle

Colaborador Collaborator: Celia López Aguado, Laura Rojo

Fotógrafo Photographer: Alfonso Postigo

Ubicación Location: Madrid, España/Madrid, Spain

Fecha de construcción Completion date: 2000

Superficie Floor space: 85 m²/910 sq. ft.

Loft en la plaza Mayor

La estructura de este piso de forma irregular situado en un edificio antiguo del centro de Madrid había sido objeto de varias reformas tras las cuales imperaba cierto desorden: muros de carga demasiado anchos y de trazos variables, circulaciones poco claras y un recorrido interior lleno de mochetas y salientes que dificultaban el paso.

El espacio se reestructuró creando un orden regular y ortogonal. Se organizaron nuevamente las circulaciones en un área fraccionada por muros sustentantes que, además de cumplir una función estructural, son organizadores espaciales. Así, las vistas que se tienen desde cualquier punto permiten comprender la globalidad del espacio. La distribución se resolvió dividiendo la superficie en dos grandes zonas: una amplia y abierta en donde se resuelve la vivienda, y otra de parecidas dimensiones que ha sido fragmentada en áreas más pequeñas.

Uno de los criterios generales fue respetar los elementos estructurales, debido al mal estado general en el que se encuentra la finca. También se creó un orden regular que permitiera facilitar y simplificar constructivamente los encuentros de los paramentos.

La elección de los materiales y las texturas que se emplearon en los revestimientos tienen relación con los conceptos de nuevo orden y reestructuración que se utilizaron en esta intervención, y contrastan con el medio en el que se asientan. La decisión de eliminar la carpintería de madera del proyecto corresponde la intención de liberarse del peso de la tradición del entorno. Tanto las impermeabilizaciones de las zonas húmedas como el mobiliario y las puertas de paso fueron ejecutadas con carpintería o chapa metálica.

Una sucesión arrítmica de pantallas divisorias exentas, opacas y gruesas confieren a la vivienda una nueva distribución espacial.

Loft in Plaza Mayor

This project involved an irregularly formed apartment in an old building located in the center of Madrid. The structure was disorganized and had suffered significant damage and numerous "patch" renovations. The load-bearing walls were wide and presented variable strokes. The passageways were badly defined, and there were angles and projections of that made it difficult to move around in a space with such great depth.

The architect restructured the space by creating a regular and orthogonal order. He reorganized the circulations in a space fragmented by sustaining walls that have an important structural function and also organize the space. The new distribution divided the loft into two large zones: a large, open one for the primary living space, and another one, with similar dimensions, that was broken down into smaller areas.

A criterion for the renovation of these spaces was to respect the structural elements, since the overall state of the building was poor. The circulation was reorganized so that the resident can appreciate the space as a whole. The materials and textures used for the remodelling reflect the concepts of the apartment's new structure. Woodwork was eliminated in order to free the apartment from the weight of its surroundings. Woodwork and metallic veneers for the furnishings and the doors were used to waterproof the humid zones. This project strengthened the role of the load-bearing walls. Not only structurally functional, they also organize the space. An arrhythmic series of opaque and thick dividing panels gives the loft a new spatial distribution.

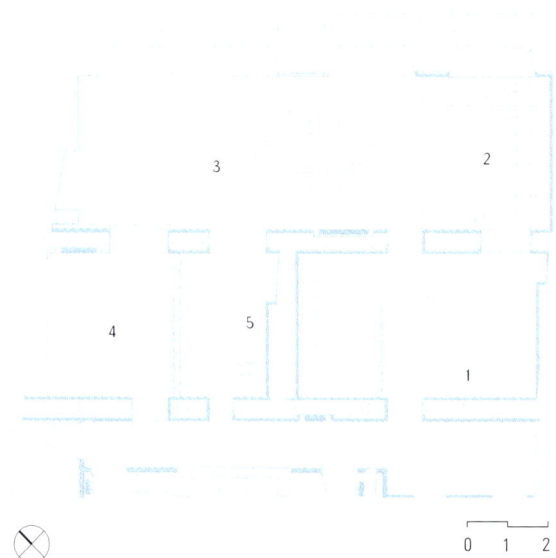

1. Sala de la televisión	1. T.V. room
2. Cocina	2. Kitchen
3. Salón comedor	3. Dining room
4. Dormitorio	4. Bedroom
5. Estudio	5. Studio

0 1 2

Aunque se han conservado algunos elementos del espacio original, como el suelo de madera oscura, el carácter del espacio se ha transformado completamente gracias a una imagen contemporánea dada por los materiales nuevos.

Even though some elements of the original space were preserved, such as the dark wood platform, new materials transformed the character of the space by giving it a contemporary image.

Las aberturas en las paredes sirven para crear relaciones entre los espacios de la vivienda al tiempo que aprovechan la luz natural para iluminar las estancias posteriores.

The openings in the walls create relation-ships between the various areas of the residence, such as the TV room and the kitchen. The openings also take advantage of natural light to illuminate the spaces in the rear of the apartment.

Arquitectos Architects: Hugh Broughton Architects

Ubicación Location: Gloucestershire, Reino Unido/Gloucestershire, UK

Superficie Floorspace: 90 m²/ 968 sq. ft.

Fotógrafo Photographer: Carlos Domínguez

Fecha de construcción Completion date: 1999-2000

Cuatro ambientes en uno

Este edificio fue construido a comienzos del siglo pasado y su fachada paladiana del siglo XVIII fue transportada a través de unas vías construidas especialmente para este propósito. La antigua sala de baile, que se encuentra en la zona sur de la casa, fue dividida en los años veinte para originar una serie de habitaciones más pequeñas con techos bajos. El proyecto que llevó a cabo el estudio de Hugh Broughton consistió en una reforma de estas habitaciones con vistas a recuperar sus características iniciales pero incluyendo elementos contemporáneos.

El nuevo espacio reorganizó el volumen original para establecer las diferentes áreas de una vivienda individual: sala de estar, baño, dormitorio y vestidor. Se elevaron los techos, se demolieron los conductos de la chimenea que sobresalían y se reformaron las ventanas con el ánimo de recuperar y consolidar el carácter original del espacio. Por otra parte se incorporaron tres elementos arquitectónicos, en forma de muebles, que no llegan a tocar el techo y permiten la percepción total de la vivienda.

Estos tres volúmenes, dispuestos perpendicularmente al eje principal del apartamento, dividen el espacio en cuatro ambientes y al mismo tiempo actúan como elementos de mobiliario: en el salón alberga estanterías; en el baño, la ducha, y en el dormitorio es el soporte del estante que sirve de cabecero. Al haber liberado el espacio e incorporado pocos muebles se consiguió la sensación de amplitud y continuidad espacial que se buscaba.

Todo el mobiliario fue especialmente diseñado por el arquitecto, lo que otorga unidad a la vivienda. En contraste con el blanco de las paredes y cristales los muebles son de madera oscura, incluido el revestimiento de la bañera y la parte frontal del lavamanos. La zona del baño está delimitada por baldosas de piedra en contraste con el resto del suelo, que está pavimentado con madera.

Los apliques y las luces empotradas en el falso techo refuerzan las características del proyecto y se adaptan a las necesidades funcionales. En el baño se instalaron focos halógenos alineados en la dirección de los módulos, mientras que en la zona de estar se utilizan reflectores que iluminan el techo y proporcionan una luz ambiente. Dos apliques en el cabecero de la cama sirven como luz de lectura.

Four atmospheres in one

This house was constructed at the beginning of the 20th century and its 18th century Palladian façade was transported on roads specially constructed for the project. The former dance hall, located at the southern part of the house, was divided in the 20's to create a series of smaller rooms with low ceilings.

The original space was reorganized to accommodate the different areas of an individual residence: the living room, bedroom, closet, and bathroom. The architect lifted the ceilings, demolished the unsightly chimney ducts, and remodeled the windows in order to restore and consolidate the space's original character. Various architectural elements were then incorporated into pieces of furniture, which do not reach the ceiling to allow for total perception of the space. The different areas are divided with modules placed perpendicularly to the residence's main axis. Each one of them contains, respectively, the closet, the sink, the shower, and the shelves that serve as the headboard of the bed and the bathroom unit. By freeing up the space and adding few furnishings, the architect created the desired sensation of amplitude and spatial continuity. The architect specially designed all the furnishings for the space, achieving harmony throughout the residence. The white walls and glass contrast with the furnishings made of dark wood, including the bathtub and the front part of the sink. The bathroom zone is defined by pieces of stone that appear like a cut in the flooring, and contrast with the existing wood floor. The fixtures and lights built into the false ceiling reinforce the project's characteristics and adapt themselves to functional needs. Halogen lamps are used in the bathroom —aligned in the same direction as the modules— while reflectors illuminate the ceiling of the living room for mood lighting. Two fixtures in the module used as the headboard of the bed function as reading lights.

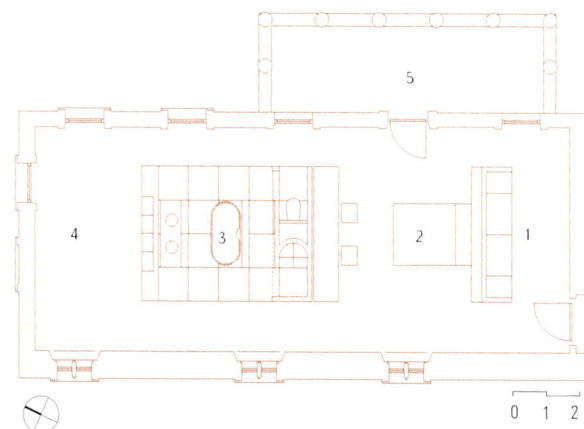

1. Vestidor	1. Walk-in closet
2. Dormitorio	2. Bedroom
3. Baño	3. Bathroom
4. Sala de estar	4. Living room
5. Terraza	5. Terrace

0 1 2

La iluminación, empotrada en el falso techo, a modo de reflectores en la pared o como apliques en los módulos interiores, sirve como apoyo a la distribución al tiempo que origina diversas calidades espaciales.

The lighting, built into the false ceiling as reflectors in the walls or as fixtures in the interior modules, supports the distribution and creates diverse spatial qualities.

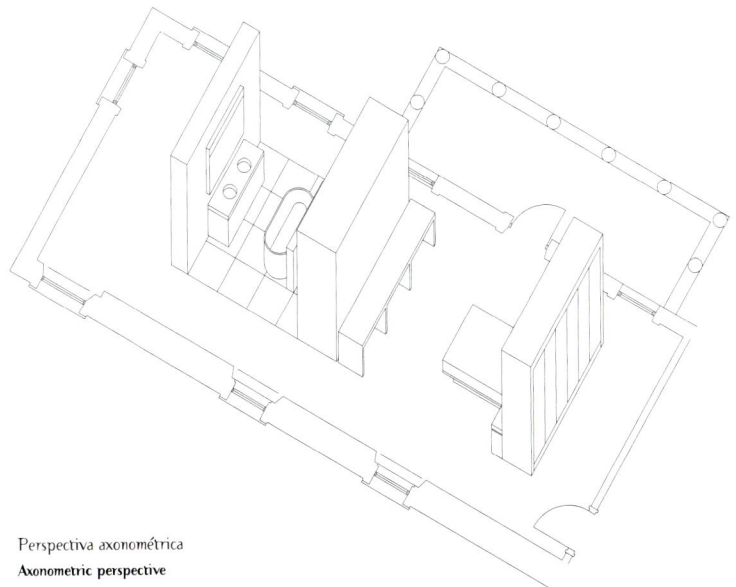

Perspectiva axonométrica
Axonometric perspective

Todas las conducciones de agua y electricidad se ocultan dentro de los módulos, así el espacio queda libre y se subrayan las líneas geométricas elementales.

All the bathroom and heating appliances are incorporated into the interior modules, emphasizing the clean geometric lines. The furnishings adapt themselves to each area and fuse with the general space.

Arquitecto **Architect**: Antonio Fiol

Fotógrafo **Photographer**: Stella Rotger

Ubicación **Location**: Mallorca, España/Majorca, Spain

Fecha de construcción **Completion date**: 2000-2001

Superficie **Floor space**: 70 m²/753 sq. ft.

Líneas orgánicas

Este apartamento situado en el centro de la ciudad de Palma, en Mallorca, disponía de una distribución típica de varias habitaciones. El proyecto consistió en dar un aspecto de continuidad espacial a un apartamento convencional, dando prioridad a la luz que entraba por la parte posterior del espacio. Para conseguirlo, se intentó originar estancias abiertas y comunicadas entre sí funcional o formalmente.

Un juego de volúmenes y líneas orgánicas recorre toda la superficie unificando con un solo lenguaje los diferentes elementos de la vivienda. La supresión del recibidor permite acceder directamente al espacio central y la entrada se separa de la cocina mediante una mesa de formas irregulares que contiene empotrados el grifo y el fregadero. Contiguo a este primer ambiente se encuentra el salón, donde se construyó, como base del sofá, una tarima de cemento adosada a la pared. Desde la cocina se accede a una plataforma, que antes había sido un patio interior, donde se construyó una bañera empotrada y alicatada que prolonga el diseño de líneas curvas de la mesa. Una abertura horizontal de cristal con una inscripción comunica el dormitorio y la cocina, aprovechando en ambos espacios la luz que proviene del baño. Así, el espacio queda definido mediante los diferentes niveles y tipos de suelo.

En este apartamento encontramos poco mobiliario, ya que los elementos principales están incorporados en la arquitectura. En la entrada, una biblioteca diseñada por Ron Arad presenta el mismo diseño ondulante. Los muebles de la cocina son de Ikea y los suelos son de parqué flotante de cerezo natural. La división del espacio se establece también mediante los vínculos de tres volúmenes que emergen del suelo: la mesa de la cocina, una base para sentarse y una bañera.

Las paredes blancas, los espacios abiertos, las transparencias y el aprovechamiento de la luz configuran la sensación de claridad y amplitud. La manera como se filtra la luz de un espacio a otro, sin que cada uno pierda su propio carácter, es el rasgo que enriquece este interior.

Organic lines

This apartment is located in the center of the city of Palma, on the island of Majorca. It was the typical old apartment until the refurbishment project transformed the space into a conventional residence with spatial continuities. Priority was given to the access of light in the back part of the space. To achieve this goal, the architect created open and linked spaces that are both functional and formal.

A play of volumes and organic lines runs throughout the apartment, unifying the different elements in a single language. The omission of the entrance hall permitted direct access to the central space. The entrance separates itself from the kitchen with an irregular-shaped table, which contains a built-in faucet and kitchen sink. Adjoining this first space is the living room, in which the architect constructed a platform of cement attached to the wall that serves as the base of the sofa. The kitchen leads to a platform that had previously been an interior patio and is now the location of the built-in, tiled bathtub, which prolongs the table's design of curved lines. A horizontal glass opening with an inscription links the bedroom and the kitchen, taking advantage in both spaces of the light that shines into the bathroom. The apartment defines itself through its different levels and types of flooring.

There are few furnishings, since the principal elements are already incorporated into the architecture. In the entrance, a bookshelf designed by Ron Arad continues the undulating character. The kitchen units are from Ikea and the floors are floating parquet of natural cherrywood. The division of space is established through the links of three objects that emanate from the floor: the kitchen table, a base on which to sit, and the bathtub. The white walls, the open spaces, the transparencies, and the exploitation of light contribute to the sensation of clarity and amplitude. Yet, the characteristic that enriches this interior the most is the way that light filters from one space to another, without comprising the character of each environment.

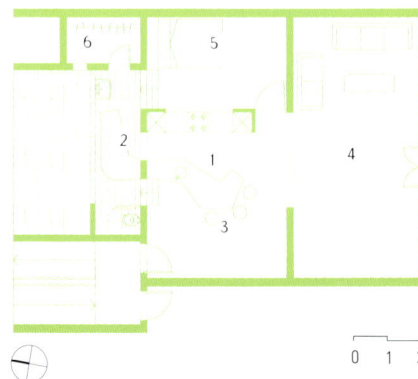

1. Cocina	1. Kitchen
2. Baño	2. Bathroom
3. Comedor	3. Dining room
4. Sala de estar	4. Living room
5. Dormitorio	5. Bedroom
6. Armario	6. Cabinet

Un espace dressé au coeur, c'est-à-dire de l'idée dans l'élément abstrait de la pensée, chaque matin repris en rêve, et chaque soir aba

La simplicidad, reflejada tanto en los materiales y acabados como en el mobiliario, es la característica principal para lograr esta atmósfera fresca y relajada.

Simplicity, reflected in the materials, the finishes, and the furnishings, is the main characteristic that achieved this fresh and relaxed atmosphere.

La vegetación forma parte del diseño interior y se incorpora en la misma arquitectura. En los extremos del sofá de cemento se han situado dos macetas que hacen de marco a este ambiente, mientras que en la mesa del comedor un pequeño agujero sirve de florero solitario.

Vegetation forms part of the interior design and is incorporated into the architecture itself. Flowerpots are placed in the extremes of the cement sofa and frame the ambience. In the dining room, a small hole acts as a bud vase.

En Architecture, j'aime la simplicité; de même, en cuisine.

En Architecture, j'aime la simplicité ; de même, en cuisine.

La relación entre las estancias mediante aberturas en las paredes, fisuras o cristal, acentúa la integración del espacio al tiempo que permite el paso de la luz natural que proviene de los dos extremos del espacio.

The integration of shelves in openings in the walls, fissures, or glass, accentuates the blending of the space while allowing natural light, which comes from the two extremes, to flow throughout.

Arquitectos **Architects:** Stephen Quinn & Elise Ovanessoff

Fotógrafo **Photographer:** Jordi Miralles

Ubicación **Location:** Londres, Reino Unido/London, UK

Fecha de construcción **Completion date:** 2000-2001

Superficie **Floorspace:** 60 m²/645 sq. ft.

Unidad en horizontal

Este apartamento se sitúa en la primera planta de una típica casa georgiana de cuatro plantas, en el céntrico barrio Marylebone de Londres. Las obras consistieron en una reforma de este primer piso que era, en su origen, una recepción. Ya se había llevado acabo una primera reforma de baja calidad, por lo que hubo que readaptar el espacio original a un nuevo uso, más eficiente.

El apartamento consiste en dos ambientes diferenciados que se conectan de forma natural a través de unos escalones. En una primera fase se restituyeron las antiguas dimensiones del gran ambiente de la parte delantera y se añadió la cocina. A continuación se encuentra el dormitorio, que da acceso a un vestidor con puerta corredera pintada con rayas verdes y azules, y un baño cuidadosamente diseñado para contener todo lo necesario. La cama es de madera y dispone debajo de cuatro cajones que complementan el armario como lugar para guardar la ropa y otros objetos.

El mobiliario del ambiente principal es de tonalidad oscura; una mesa de madera lacada y cuatro sillas negras delimitan la zona del comedor, y la misma función con el salón cumple un sillón en forma de L con cojines blancos que rodea una mesa baja. Las paredes son blancas y todos los elementos decorativos se limitan a objetos, esculturas o estatuillas colocados encima de alguna mesa, lo que mantiene el contraste con el suelo oscuro. Ciertos elementos como la chimenea y los grandes ventanales aportan reminiscencias del antiguo espíritu de la casa. Destaca en este pequeño proyecto el empleo del espacio y de la luz. La escasa utilización del color y los suelos sólidos y oscuros se conjugan para dar una gran impresión de contraste.

En el acabado interior aún se reconoce su pertenencia a una casa georgiana de hace doscientos años, aunque se ha conseguido crear un espacio completamente moderno que configura un confortable y práctico entorno.

Horizontal unit

This apartment is located on the first floor of a typical four-story Georgian house in the neighborhood of Marylebone in central London. This project entailed remodeling the first floor, which was originally a reception. Previous renovations were of poor quality, so the architects decided to recreate the original space and adapt it to a new, more efficient use.

The apartment consisted of two different atmospheres connected with some steps. The architects first restored the large room at the front to its former size and moved the kitchen to a more convenient location. The bedroom is located in the back and leads to a walk-in closet with a sliding door painted with green and blue stripes. The bathroom was carefully designed to accommodate all the necessities. The bed is made of wood and has four drawers below that complement the closet as additional storage space. As a result, the bedroom is uncluttered and gives the sensation of open space.

The furnishings in the large front room have dark tones. A desk of lacquered wood and four black chairs define the dining room, and the living room includes an armchair in the form of an "L" with white cushions surrounding a low table. The walls are white and all the decorative elements are limited to objects, sculptures, and statuettes placed on top of tables. Certain elements, such as the chimney and the large windows, refer to the spirit of the old house. A key feature of this project is the use of space and light, which, combined with the high ceilings, transforms this small apartment into a modern and practical home. The sparse use of color mixes with the solid, dark floors to create the impression of contrast.

The finished interior of this small loft still has traces of the original Georgian house built 200 years ago. Nevertheless, the architects have managed to create a completely modern apartment with comfortable and practical surroundings.

1. Cocina	1. Kitchen
2. Baño	2. Bathroom
3. Salón comedor	3. Dining room
4. Vestidor	4. Walk-in closet
5. Dormitorio	5. Bedroom

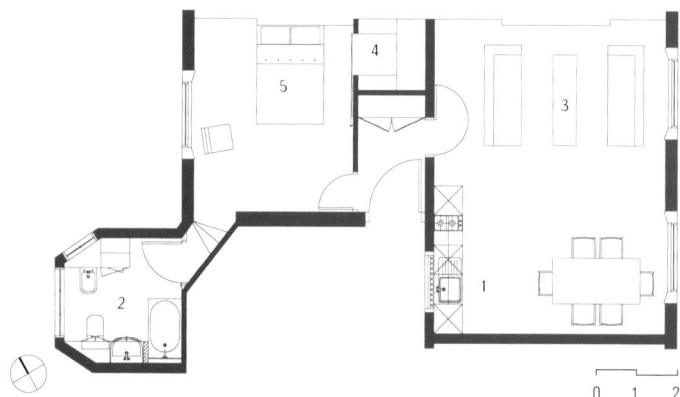

0   1   2

La selección de mobiliario desempeña un papel importante en la configuración de este espacio, que conserva, casi en su totalidad, la distribución y los materiales originales.

The furniture selection plays an important part in the configuration of this space, which preserves the original layout and materials.

El alicatado de mosaico ligeramente separado entre sí crea una interesante textura que juega con la misma paleta de colores que el resto de la vivienda.

The small tiles with light separations between them create an interesting texture that adheres to the same color palette as the rest of the residence.

Arquitecto Architect: Manuel Ocaña del Valle

Colaboradores Collaborators: Celia López Aguado, Laura Rojo

Fotógrafo Photographer: Luis Asín

Ubicación Location: Madrid, España/Madrid, Spain

Fecha de construcción Completion date: 2001

Superficie Floor space: 85 m²/ 910 sq. ft.

Loft en un ático

Lo que ahora es un confortable y moderno espacio de vivienda fue con anterioridad un espacio reducido de apenas 30 m² de planta, sin condiciones de habitabilidad, bajo la cubierta de un edificio de viviendas de 150 años de antigüedad y ubicado en el emergente barrio de Chueca, en Madrid. El proyecto conjuga un amplio programa de usos resuelto en espacios unitarios y flexibles. El mobiliario se ha planteado como parte de la misma arquitectura de modo que cualquier espacio residual ha sido aprovechado al máximo.

Para ampliar la superficie útil de la vivienda se sacó partido de los 4,5 m de altura en la parte más alta de este espacio que presenta dos cubiertas inclinadas y se dividió en dos plantas, con lo que la superficie útil se amplió en 8,5 m². El programa de distribución es extenso si se compara con lo reducido del espacio disponible ya que incluye, en la planta baja, vestíbulo, salón, comedor, cocina, aseo y terraza, y en el altillo, dormitorio, baño, vestidor y lavadora.

Con el objeto de optimizar el empleo del espacio y llegar a incluir cada elemento del programa, fue necesario un riguroso estudio de la escala doméstica y el aprovechamiento espacial, una exploración lúdica del hogar que evitara los modelos tradicionales rígidos. En cambio, se utilizó una estrategia de estancias flexibles en cuanto a sus funciones, de modo que cuando se quiere comer, toda la vivienda es comedor, cuando se quiere estar sentado, todo el espacio se transforma en salón, cuando se quiere dormir, toda la vivienda es dormitorio. También la técnica, el rigor y la exactitud constructivos fueron herramientas básicas para solucionar pragmáticamente algunos de los aspectos de la obra.

El lugar está inmerso en un paisaje ruidoso, en un casco urbano sucio y desordenado, y propone eliminar el "ruido del paisaje", la búsqueda de la paz y el sosiego del hogar. Para ello se propuso un filtro, un "amortiguador del ruido", un espacio de transición, de intercambio entre las situaciones ciudad-vivienda. Este espacio, además es versátil y polivalente, es una caja direccional de madera que relaciona el interior y el exterior. Un cerramiento acristalado crea una división en dos partes. La barandilla exterior también pretende limitar el espacio de la vivienda protegiéndola del ruido de la ciudad.

Loft in an attic

What is now a comfortable, modern residence was once a small, 323 square-foot space, unsuitable for living. Located in a 150 year-old building in the up-and-coming Madrid neighborhood of Chueca, the loft provides many uses resolved in unitary and flexible spaces. The furnishings were designed as part of the architecture itself, in order to make the most of every available space.

To expand the residence's useable surface area, the architect took advantage of the 15 foot-high ceilings. Under the inclined roofs, in the tallest part of the space, he divided the area into two floors, which increased the surface area by 91 square feet. The number of rooms in the loft is extensive, especially given the limited space available. The lower floor includes a dressing room, living room, dining room, kitchen, bathroom, and terrace, while the loft contains a bedroom, bathroom, dressing room, and laundry room. In order to optimize the space, it was necessary to conduct a rigorous study in order to take advantage of every square foot. The result is a playful exploration of the home that avoids traditional, rigid models. This strategy emphasizes functional flexibility. When the residents want to eat, the entire loft is a dining room; when they want to sit down, the entire space transforms into a living room; and when they want to sleep, the entire apartment is a bedroom. Technical rigor and constructional exactitude were the tools used to resolve certain aspects of the project. The apartment is located in a dirty, noisy, and disorganized urban quarter, so the project aimed to get rid of the "landscape noise" in order to create a peaceful home. To this end, the architect proposed a "noise dampener" in the form of a transitional space where the city-to-residence shift takes place. This versatile area is a directional wood box that connects the interior and the exterior. A folding glass closure divides the space into two parts. The exterior banister also demarcates the residence, protecting it from the noise of the city.

1. Acceso	1. Access
2. Cocina	2. Kitchen
3. Salón comedor	3. Dining room
4. Terraza	4. Terrace
5. Dormitorio	5. Bedroom
6. Baño	6. Bathroom

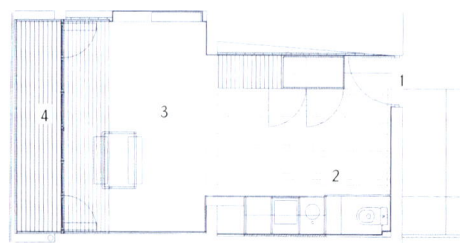

Planta baja
Ground floor

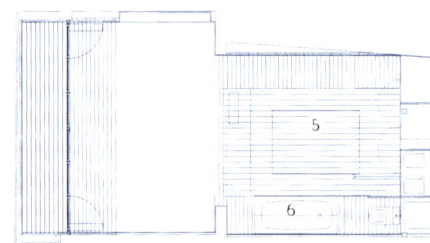

Planta altillo
Attic floor

0 1 2

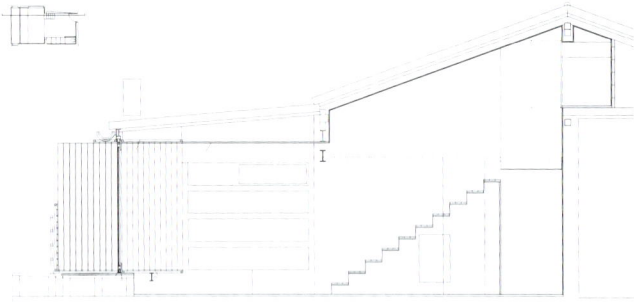

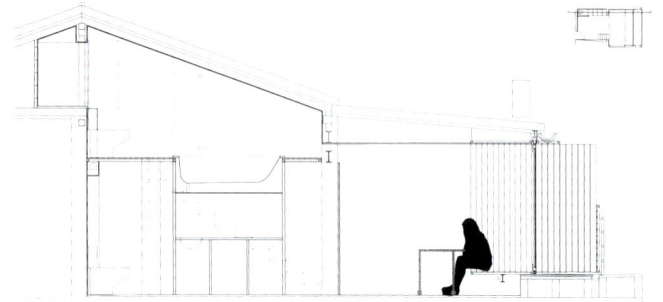

Secciones longitudinales
Longitudinal sections

La terraza, de madera, se prolonga en el interior dando lugar a una plataforma que se utiliza como sofá. Este detalle, además de integrar el balcón, amplía el espacio interior prolongándolo hasta la barandilla de madera.

The wooden terrace extends into the interior, producing a platform that can be used as a sofa or chair. This clever detail integrates the balcony and opens the interior space by extending it to the wooden banister.

La escalera, blanca pero con los peldaños de la madera, se percibe como un volumen sobrepuesto en la planta baja que se utiliza como armario auxiliar.

The staircase –painted white with steps that are highlighted by the color of the wood–appears superimposed on the ground floor. The space underneath the stairs is used as an auxiliary closet.

En el altillo, el baño se separa de la habitación por medio de una mampara de cristal translúcido que no llega a los extremos. Este detalle hace que el espacio posea la misma flexibilidad y amplitud que se ha logrado en el resto del apartamento.

In the attic, the loft is separated from the bedroom by a matted, white glass screen that does not reach the ceiling or floor. This gives the space the same flexibility and amplitude as the rest of the apartment.

Arquitectos Architects: Gary Chang/EDGE (HK) LTD.

Fotógrafo Photographer: Almond Chu

Fecha de construcción Completion date: 2000

Colaboradores Collaborators: Cheng Gunn, Wong Chung Wai

Ubicación Location: Hong Kong, China/ Hong Kong, China

Superficie Floor space: 30 m²/323 sq. ft.

Lúdico e íntimo

Este apartamento, situado en la isla este de Hong Kong, fue diseñado por Gary Chang para instalar su residencia personal. Enclavada en un barrio popular de la ciudad, anteriormente había constituido el hogar de una familia numerosa que había vivido en ella en condiciones precarias. La idea del proyecto fue conseguir un espacio que, a pesar de sus reducidas proporciones, contuviera todas las funciones necesarias de vivienda y al mismo tiempo una flexibilidad como espacio de descanso y ocio.

Con el fin de aprovechar la ventana de la parte posterior de la casa como una mayor fuente de luz natural, se situaron el baño y la cocina en la parte delantera. De este modo se liberó el espacio principal para que pudieran ser ubicados los diversos usos que le interesaban al arquitecto: habitación, sala de estar, estudio y sala de vídeo. Para conseguir esta flexibilidad en un espacio tan reducido, se empleó una estrategia que combina divisiones ligeras, una estudiada iluminación y muebles móviles. Todos los elementos de trabajo y ocio, como libros, vídeos o discos, así como los enseres de la vivienda y el armario se almacenan según un sistema de estanterías metálicas que se oculta discretamente detrás de unas cortinas blancas. De esta manera, el espacio central se utiliza para todas las actividades cotidianas, diurnas y nocturnas, con el simple desplazamiento de una o varias cortinas.

Se emplearon materiales blancos translúcidos y transparentes, en alternancia con cambios de luz ambiental, lo que aporta al apartamento un aspecto ligero en el que la materia se desvanece. Para atenuar la rigidez del suelo y hacerlo más etéreo se instalaron tubos fluorescentes y una luz brillante que articula las partes estructurales. El único objeto pesado, al menos en apariencia, es la torre de madera maciza de cerezo que aglutina el proyector, la nevera, la cocina, el lavabo y la lavadora. La abertura principal de la ventana ofrece diferentes posibilidades, ya que puede extenderse sobre ella una pantalla para televisión, vídeo e internet. Cada detalle ha sido pensado y diseñado con el objeto de aprovechar hasta el más mínimo rincón de este espacio de 30 m²

En este único ambiente se ha conseguido agrupar todas las funciones necesarias de la vivienda de un modo sencillo y elegante. Las luces y los elementos convertibles adaptan el apartamento a las diferentes circunstancias aportando un espíritu lúdico y relajado al mismo tiempo.

Playful and intimate

This apartment, located on the east island of Hong Kong, was designed by Gary Chang as his personal residence. Located in a popular neighborhood, this old flat was previously the home of a large family.

In order to make the most of the principal window located in the back part of the residence, the architect grouped the bathroom, kitchen, and laundry room in the front. As a result, the main space could enjoy the window, the best source of natural light. As an empty space, it could also accommodate diverse uses as the bedroom, living room, study, and video room. To achieve flexibility in such a small area, Chang combined light divisions, carefully planned lighting, and mobile furnishings. All his possessions for work and leisure, such as books, videos, and disks, as well as the home's accessories and the closet are stored in a system of metallic shelves that are discreetly hidden behind white curtains. The result is that the central space can accommodate all the daytime and nighttime activities, with the simple movement of one or several curtains. The architect used transparent and white translucent materials.By combining them with mood lighting, he gave the apartment a quality of lightness in which the materials seem to vanish. To tone down the rigidity of the floor and make it more ethereal, Chang and his collaborators used fluorescent tubes on one side and a more brilliant light that articulates the structural parts on the other. The only heavy object, at least in appearance, is the solid cherry wood tower that contains the projector, the refrigerator, the kitchen, the bathroom, and the washing machine. The principal opening of the window offers different possibilities since a screen for TV, video and Internet can extend over it. Each detail was carefully thought out and designed with the objective of making the most of every corner of this 323 sq. ft. space. In this single atmosphere, the architect managed to group residential neccesities in a simple and elegant way.

1. Acceso	1. Access
2. Cocina	2. Kitchen
3. Baño	3. Bathroom
4. Sala de estar y dormitorio	4. Living room and bedroom
5. Estudio	5. Studio
6. Armario	6. Cabinet

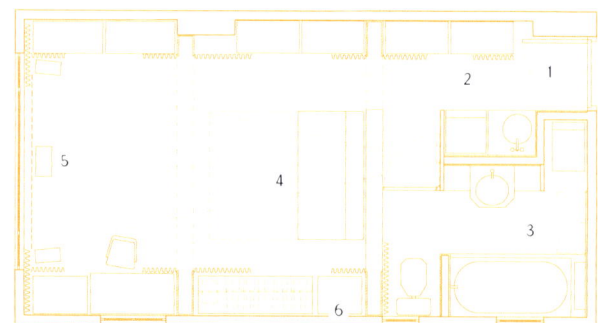

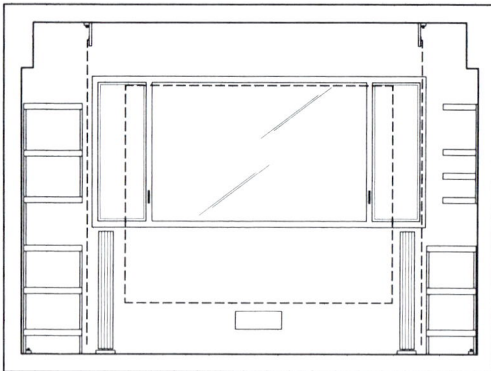

Sección transversal de la sala de estar
Transversal section of the living room

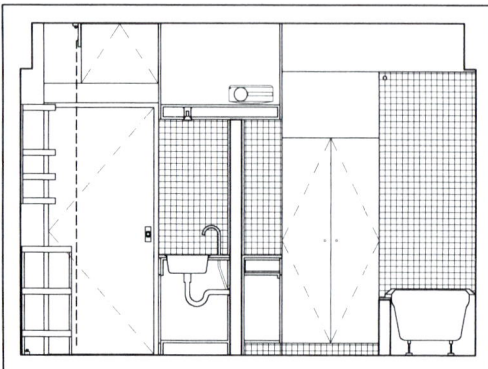

Sección transversal del baño y la cocina
Transversal section of the bathroom and kitchen

Los muebles y utensilios de cocina están ubicados en un mismo mueble de madera que se encuentra junto a la entrada.

Las estanterías que se esconden tras las cortinas están ancladas a la pared, en la parte superior, o apoyadas en una fina estructura metálica, en la parte baja, de forman que contribuyen a establecer ligereza en el espacio.

The kitchen cabinets and appliances are contained in a single wooden cabinet found near the entrance.

The top shelves, hidden behind the curtains, are suspended from the wall. The lower shelves are supported by a fine metallic structure that compliments the lightness of the space.

La disposición de cada pieza de mobiliario, rompiendo completamente los esquemas tradicionales, hace que se produzcan diversas relaciones espaciales en un mismo ambiente.

The placement of each piece of furniture breaks traditional schemes and produces diverse spatial relationships in the same atmosphere.

A pesar de las proporciones se logró una gran expresividad formal en la zona del baño, donde se combinan elementos de diseño, como la grifería de Philippe Starck, con soluciones económicas como la iluminación a base de dos tubos fluorescentes.

Despite the small space, the architect achieved great formal expressiveness in the bathroom area. This space combines design elements, like fixtures by Philippe Starck, with economical solutions such as lighting from two fluorescent tubes.

El mueble de madera oscura que contiene los electrodomésticos y conforma el baño destaca como elemento escultórico en un ambiente en el que predomina el blanco.

The dark wood cabinet that contains the kitchen appliances and the bathroom stands out as a sculptural element in an atmosphere dominated by the color white.

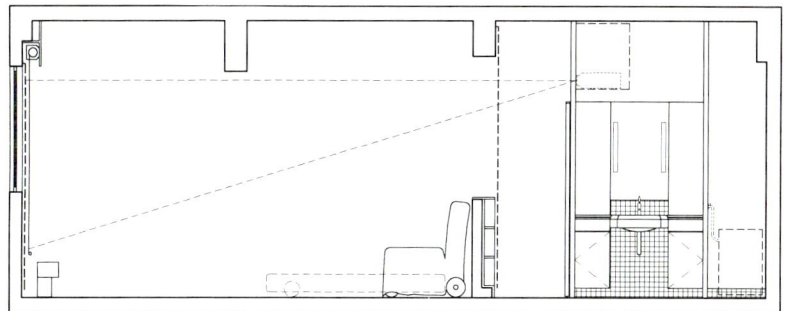

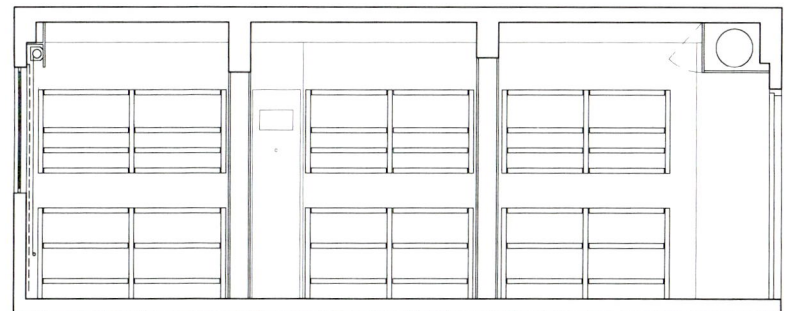

Secciones longitudinales
Longitudinal sections

73

Arquitectos **Architects**: Brian Ma Siy Architects   Ubicación **Location**: Londres, Reino Unido/London, UK   Superficie **Floor space**: 80m²/860 sq. ft.

Fotógrafo **Photographer**: Jordi Miralles   Fecha de construcción **Completion date**: 1996

Reconversión de una escuela

Convertido en hogar de un arquitecto, este espacio fue incialmente la planta baja de una escuela.

El propietario mantuvo las aulas intactas y las pintó de blanco para maximizar en lo posible la luminosidad. En el centro del espacio principal un sobre de cocina de acero inoxidable de 3,5 x 1 m actúa como mesa de trabajo de numerosas actividades. Un número limitado de muebles hace posible que el espacio pueda convertirse en un dojo destinado a la práctica del kárate, en una habitación de juegos o en una zona de relax. Los elementos más interesantes son la cocina Bulthaup de acero inoxidable y cobalto azul, los peldaños libres de la escalera y una librería que alcanza la doble altura del espacio a cuyos estantes más altos se accede gracias a la escalera que conecta con el nivel superior.

Luces de colores, una colección de veinte acuarelas y los juguetes de un niño de seis años pueden encontrarse dispersados por toda la casa.

School Conversion

Home to the architect, this space was originally the ground floor of a school building. The architect left the classrooms intact and painted them white to maximise light. In the center, a 3.5 by 1-meter stainless steel kitchen table acts as worktop for numerous activities. A minimum amount of furniture allows the space to turn into a dojo for karate practice, a playroom, or a lounge area.

Architectural features include the Bulthaup kitchen in stainless steel and cobalt blue, the finished steel open-tread stair, and full-height bookshelves accessed from the stairs. filling in the gaps are colorful lights, a block of 20 watercolors, and the six year old's airplanes and train sets scattered throughout the house.

Inicialmente los bajos de una escuela, este apartamento alberga ahora el hogar de un arquitecto en Londres.

Originally the ground floor of a school building, this apartment is now house of an architect based in London.

Una barra en el centro del espacio destinado al salón, separa los ambientes de estar y cocina. La zona de trabajo de la cocina se sitúa precisamente sobre esta barra singular.

The counter in the centre of the living space separates the relaxation area off from the kitchen. It is in fact the rather uniquely designed counter which has been set aside as the work area.

La barra de la cocina incorpora una serie de taburetes para desayunos o comidas rápidas.

The stools fit perfectly with the counter to allow for quick meals and breakfast.

Arquitecto Architect: Jonathan Clark

Fotógrafo Photographer: Jan Baldwin

Ubicación Location: Londres, Reino Unido/London, UK

Fecha de construcción Completion date: 1995

Superficie Floorspace: 140m²/1,505 sq.ft.

Residencia Clark

El arquitecto Jonathan Clark comenzó la renovación de su propio apartamento eliminando todos los tabiques y techos bajos existentes e insertando una nueva estructura. El resultado es un espacio completamente abierto.

La habitación principal, de 11 m, puede dividirse mediante un tabique corredero sujeto en al techo de forma que pueden conseguirse una o dos habitaciones.

La luz natural inunda el espacio y se filtra en el baño a través del cristal traslúcido de la ducha.

El uso de plataformas elevadas acentúa la ilusión de espacio. Suelos de madera, superficies de acero inoxidable, paredes blancas y estampados y mobiliario retro completan el hogar de este arquitecto.

Clark Residence in Little Venice

Johnathan Clark began reforming this first floor of a Victorian end of a terraced house by eliminating all the existing internal walls and low ceilings. He inserted a new structural frame, obtaining a totally open plan space.

The eleven-meter main space is divided by a full-height, top hung sliding acoustic wall that permits the residence to function as either a one or two bedroom home.

Natural light passes through French windows and shines through the acid-etched glass shower into the mosaic bathroom.

The use of raised platforms enhances the illusion of space.

American black walnut floors, stainless steel surfaces, pristine white walls, and retro patterns and furniture complete the look of this architect's stylish home.

1. Acceso	1. Access
2. Sala de estar	2. Living room
3. Cocina/comedor	3. Kitchen/dining room
4. Baño	4. Bathroom
5. Dormitorio	5. Bedroom

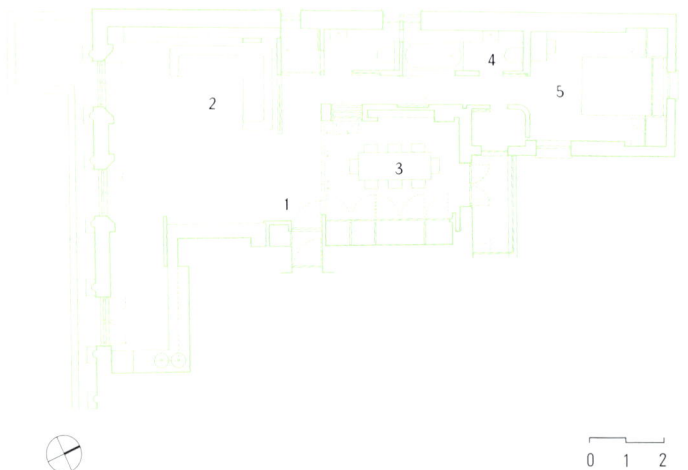

Una pequeña
televisión descansa
sobre el final de uno
de los tabiques
separadores.

A small television
perches at the end of
one of the space
dividers.

Un baño de pequeño
gresite da color a este
apartamento.

The main bathroom has
been decorated with
gresite.

El dormitorio
principal: destaca el
cabezal que incorpora
unos puntos de luz
para la lectura y la
iluminación de
la base.

The main bedroom: the
headboard incorporates
subtle spotlights and
hidden lighting.

Arquitectos **Architects**: Blockarchitecture

Fotógrafo **Photographer**: Leon Chew

Ubicación **Location**: Londres, Reino Unido/London, UK

Fecha de construcción **Completion date**: 2001

Superficie **Floorspace**: 85 m²/ 915 sq. ft.

Proyecto Treehouse

El diseño de este ático londinense saca las mayores ventajas de unas vistas que mezclan lo urbano y lo rural.

La clave consistía en dejar el pequeño espacio lo más abierto posible, sin necesidad de crear habitaciones de diseño convencional.

Los arquitectos basaron su actuación en el diseño de una hipotética casa sobre un árbol, creando una base para la cama en voladizo que se situó en el centro del espacio. Esta estructura se construyó con una mezcla de maderas moldeables. Un panel de madera de iroco permite un leve contacto visual aunque preservando la intimidad.

En la cocina y el baño se utilizó cristal blanco al ácido: en los suelos y terrazas, madera de iroco. Una serie de mesas y piezas de mobiliario plegables solucionan problemas de falta de espacio.

Por la noche, una preciosa luz ultravioleta llena de dramatismo el espacio.

Treehouse Project

The design of this top floor apartment aims to take full advantage of the urban and rural panoramic views.

The key was to keep the fairly small space as open as possible without creating conventional rooms.

The architects based their solution on a treehouse, creating a cantilevered bed platform in the center of the space made from softwood frames and slatted Iroko hardwood that maintains privacy while permitting visual penetration.

White glass is used in the bathroom and kitchen, and Iroko floor strips line both the interior and the terrace deck. Pull-out trays and fold-down flaps provide useful tabletops without occupying extra space.

At night, a deep purple ultraviolet light washes over the apartment.

Los interiores, de estética decididamente minimalista, mezclan sensaciones urbanas y rurales.

The interiors, definetely minimalistic, mix urban and rural feelings.

Un panel de madera de iroco permite un leve contacto visual entre áreas.

Slatted Iroko hardwood maintains privacy while permitting visual penetration

Desde el dormitorio, y
desplegando una
ventana del módulo de
madera de iroko, se
conecta visualmente
con el comedor.

The bedroom is
connected by a small
iroco wooden window to
the living area.

Una preciosa terraza,
también con base de
madera, permite vistas
sobre el perfil de
Londres.

A wonderful terrace,
also with wood base,
allows view to the
London's landscape.

Arquitecto **Architect**: Simon Corder

Fotógrafo **Photographer**: Jordi Miralles

Ubicación **Location**: Londres, Reino Unido/London, UK

Fecha de construcción **Completion** date: 2001

Superficie **Floor** space: 30 m²/325 sq.ft.

Glass Garden Room

Esta casa del siglo XIX en el norte de Londres descubrió al propietario las posibilidades de un pedazo de terreno que había sido descuidado hasta entonces.
Además de este hallazgo, se decidió habilitar un antiguo garaje y salvar la vida
de un árbol de Sicamoro, muy deteriorado.

La solución consistió en construir una caja de cristal que pudiera ser utilizada
como sala de estar, especialmente durante los meses más templados.

Un suelo de hormigón hace las funciones de terraza exterior para el primer piso.
Unas persianas pivotantes en madera de iroco permiten regular las vistas al
jardín, así como el acceso a un pequeño pasillo y a una sala de instalaciones.

Unas paredes de doble cristal consiguen convertir este trozo de jardín en una
agradable zona de estar.

Glass Garden Room

This 19th century house in North London revealed to its owner an
unused piece of land that had been overshadowed by the house,
garage and large Sycamore tree.

To take advantage of this space, architects constructed a glass box that
could be used as a living area, especially during warm months.

A solid flat roof of concrete paving slabs acts as an external terrace
for the existing first floor of the house. Pivoting iroko screens open
and close off views of the garden room, also allowing access to a
low hallway and new utility room.

The large double glazed walls create invisible borders that bring the
garden into this comfortable new living area.

Un pedazo de terreno,
olvidado hasta el
momento, se habilitó
como salón anexo a la
construcción original.

An unused,
overshadowed piece of
land, was converted
into a new living room
adjacent to the
original building.

Un pasillo con base de
madera y paredes de
ladrillo conecta los dos
módulos de la casa.

A corridor with a
wooden floor and brick
walls connects the two
parts of the house.

Arquitecto **Architect:** Mark Guard

Fotógrafo **Photographer:** Mark Guard

Ubicación **Location:** Londres, Reino Unido/London, UK

Fecha de construcción **Completion date:** 1996

Superficie **Floorspace:** 95 m²/1,020 sq. ft.

Apartamento transformable

El nombre de este proyecto describe a la perfección la función de este espacio simple, casi estéril, diseñado para adaptarse al concepto moderno de propietario soltero.

El apartamento optimiza el espacio disponible gracias a un área principal que puede ser transformada según las necesidades.

El dormitorio principal, la habitación de huéspedes y el vestidor se sitúan en tres módulos independientes. Las paredes móviles de los módulos rodean el baño y una abstracta, casi escultórica ducha añade dimensión visual al espacio. Un grueso muro de 15 metros de largo, que alberga las instalaciones y un pequeño espacio de almacenamiento, recorre el área de trabajo que se divide a partir de la cocina.

La mesa de acero inoxidable, de seis metros de largo, intersecciona este muro.

Transformable Apartment

The name of this project accurately describes the function of this cool, simple, and nearly sterile space designed around the modern concept of single person households.

This apartment maximizes available space by creating one main area that can be transformed to meet different needs.

The master bedroom, guestroom, and cloakroom are contained in three freestanding boxes. The boxes' moveable walls surround the bathroom, and an abstract, sculptural shower adds visual dimension to the space.

A 15-meter storage wall opens up to three work areas, which can be divided from the kitchen with sliding doors. The wall is bisected by an austere six-meter stainless steel table.

El apartamento optimiza el espacio disponible gracias a un área principal transformable según las necesidades.

The apartment maximises available space by creating one main area that can be transformed for different needs.

Un módulo destinado a cocina se ha instalado junto a una de las paredes laterales del espacio. Un sobre desplegable hace las funciones de mesa comedor.

The kitchen area has been set up next to one of the sidewalls. A top which can be folded away works well as a dining table.

Arquitectos **Architects**: Vincent James & Paul Yaggie

Fotógrafo **Photographer**: Don F. Wong

Ubicación **Location**: Wisconsin, Estados Unidos/Wisconsin, US

Fecha de construcción **Completion date**: 1996

Superficie **Floor space**: 700 m²/ 7,500 sq. ft.

Casa Tipo/Variante

Los propietarios aportaron al proyecto un concepto que les fascinaba y que ellos definían con el término "tipo/variante". Como en una colección de mariposas ordenadas en una caja de cristal, las variaciones establecidas sobre una clara taxonomía hacen visibles y amplifican las particularidades. El juego entre similitudes y diferencias es fundamental de cara al impacto estético de una colección.

La casa Tipo/Variante es una colección de espacios que responde a los ritmos y a las pautas de la vida doméstica. Empleando exclusivamente volúmenes similares a cajas de madera, crea diferentes situaciones arquitectónicas contiguas. Cada una tiene su proporción, orientación e iluminación natural específicas. Pese a ser una composición estrictamente ortogonal, la articulación de los diferentes volúmenes produce un catálogo de panorámicas del entorno continuamente cambiantes. Paralelamente, los giros y los ángulos de las distintas piezas del edificio definen varios espacios exteriores semicerrados.

Geométricamente, la composición se construye a base de maclas entre paralelepípedos a diferentes alturas y con distintas orientaciones. Las salas más amplias y las terrazas corresponden a la parte central de cada cuerpo. En estos espacios se producen los encuentros entre los componentes de la familia. En las intersecciones entre las cajas, en cambio, los espacios tienden a ser más cerrados y reducidos, por lo que propician momentos más íntimos y solitarios.

Tanto las habitaciones como los patios están concebidos como espacios sencillos e inmediatos, de formas simples, que adquieren vida con el uso diario y con el ciclo de las estaciones.

Los materiales exteriores, principalmente chapa de cobre y piedra azulada, están colocados según tramas distintas que aportan una gran variedad de ritmos y de texturas a las fachadas. El revestimiento de cobre de las fachadas no se ha protegido de la meteorología y de la erosión con la intención de que envejezca de forma natural.

Type/Variant house

The clients based this project on a concept that fascinated them and that they defined with the term "Type/Variant." This idea could be explained as taking one "type" of object and forming a collection of similar types, all slightly different different from each other. A good example is a butterfly collection arranged in a glass box. The subtle differences between them create interesting relationships, and as a composite whole, they have strong aesthetic impact.

The architects incorporated the "Type/Variant" concept into the design of the home. In this case, the house is the composite of volumes which are variations on the theme of a box, each with its own proportions, orientation and source of natural light. When placed in an orthogonal composition, the wooden boxes create a house that responds to life's rhythms and patterns, with splendid, constantly changing views of the surroundings. Similarly, the turns and angles of the building's distinct pieces define various semi-closed exterior spaces.

Geometrically, the composition is based on macles between parallelpipeds with different heights and distinct orientations. Communal activities take place in the larger rooms and outdoor terraces located in the central part of each volume, while more private moments occur where the individual boxes meet, where the spaces are smaller and more closed.

The bedrooms, like the patios, are conveived as simple spaces that adquire life with daily use and the cycle of the seasons. The exterior materials, especially the copper panels and bluish stone are hung up in different weaves to give the façades rhythm and texture. The copper covering will not protect the faces from weather and erosion. In fact, a key design element is that the house will evolve over time.

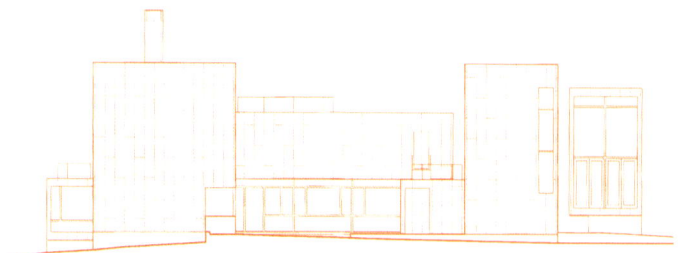

Alzado
Elevation

0   1   2

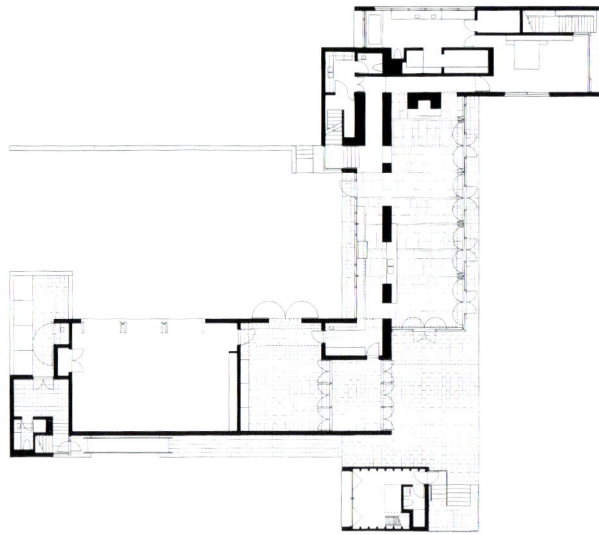

Planta baja
Ground floor

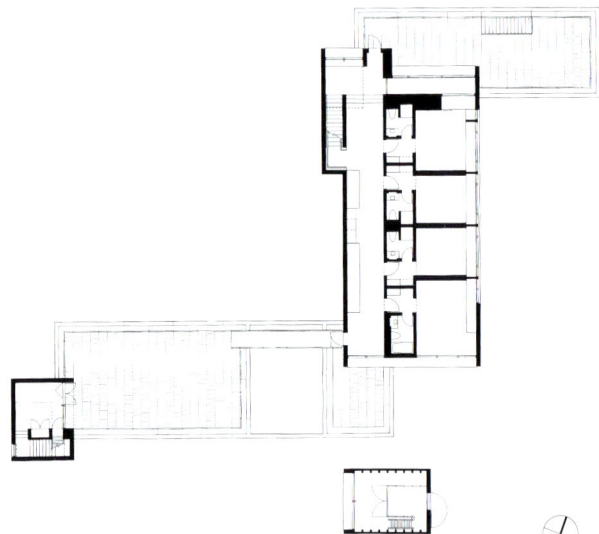

Planta primera
First floor

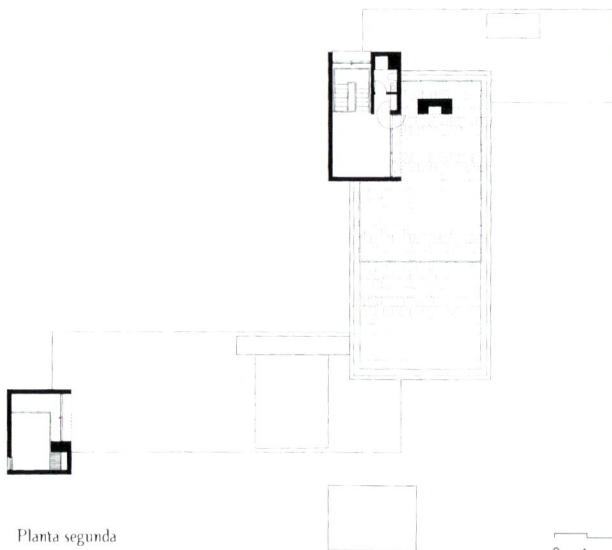

Planta segunda
Second floor

0 1 2

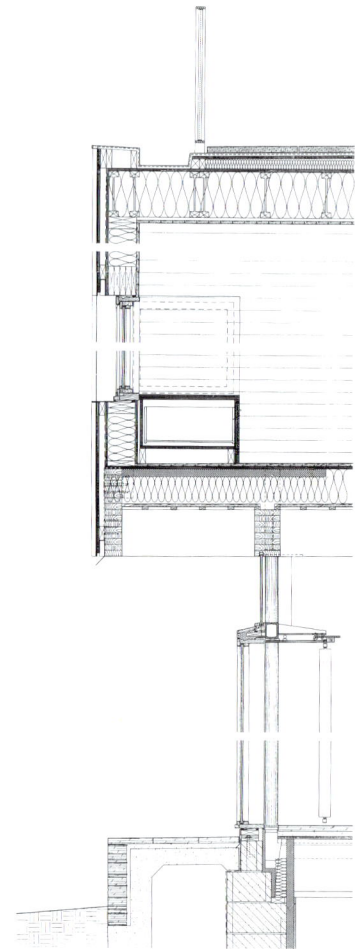

Detalle constructivo de la fachada
Detailed section of the façade

Para el diseño de las habitaciones se emplearon volúmenes similares a cajas de madera.

The house is the composite of volumes which are variations on the theme of the box.

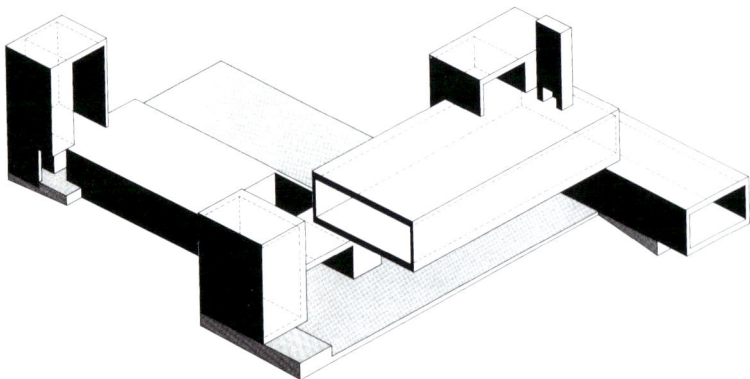

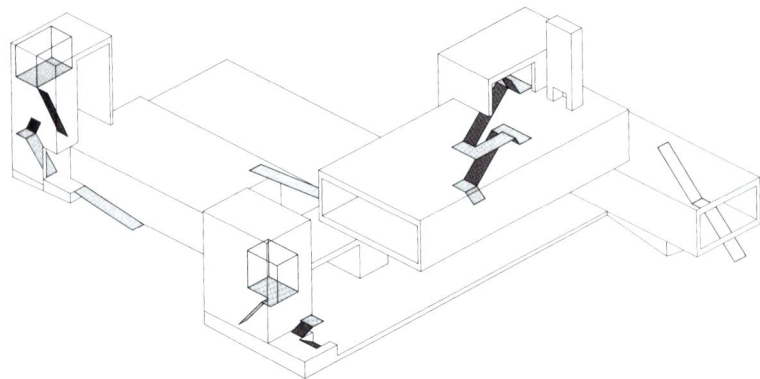

Detalles de la chimenea
Details of the chimney

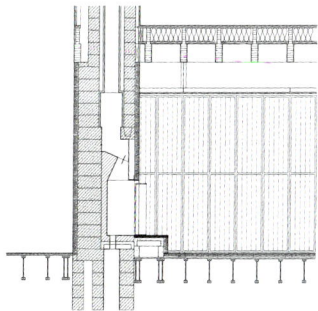

Sección
Section

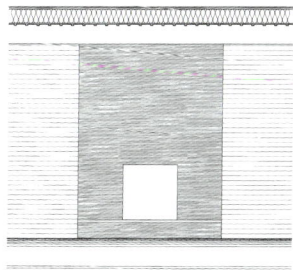

Alzado
Elevation

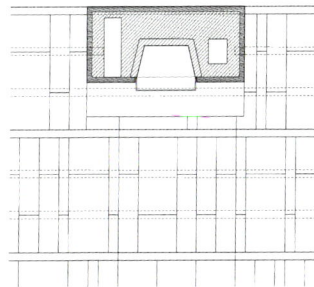

Planta
Plan

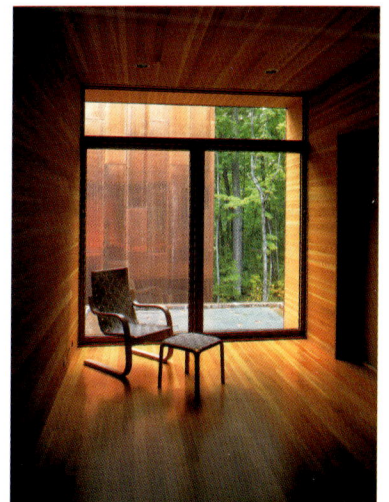

Arquitecto **Architect**: Moneo Brock

Fotógrafo **Photographer**: Jordi Miralles

Ubicación **Location**: Nueva York, Estados Unidos/New York, US

Fecha de construcción **Completion date**: 2000

Superficie **Floorspace**: 150 m²/1,600 sq. ft.

Loft Hudson

Un frío almacén con nada más que unos muros de hormigón, unos pilares húmedos y unas enormes ventanas dirigidas hacia el este se convirtió en una moderna vivienda típicamente neoyorquina.

Construida enteramente en hormigón, los arquitectos experimentaron con este material para conseguir una atmósfera limpia que permitiera una fluidez entre los espacios.

Esta característica es muy evidente en los cuartos de baño, donde un precioso diseño de ducha y unas lámparas únicas otorgan una sensación muy personal.

Una obra en papel de Amanda Guest recibe al visitante al cruzar el umbral de la entrada principal.

Hudson Loft

A raw warehouse space with nothing but bare walls, massive concrete mushroom columns and huge east-facing windows was transformed into a contemporary home.

Made entirely out of concrete, architects experimented with materials that arouse the senses, colors that conserve the clean uncluttered atmosphere, and layers of transparency to ensure the continuous flow of light and space. This is evident in the bathrooms, where beautiful shower structures along with unique lamps give a very specific feeling to the room. At the entrance, an installation of paperart by Amanda Guest produces a diaphanous translucent skin.

Decorative objects like these and warm colors offset the linear qualities of the space.

| Mínima intervención decorativa en un antiguo almacén. | Minimum decorative intervention in an old and cold warehouse. | |

Los elementos
decorativos se han
reducido al mínimo.
Una alfombra natural,
una lámpara de pie de
elegante diseño y una
serie de jarrones son
suficientes para adornar
la zona de estar.

Decorative elements are
kept to a minimum. A
bold print rug, an
elegantly arched lamp,
and series of vases are
just enough to adorn the
living area.

La zona de trabajo de cocina se concentra en una barra que hace también las funciones de separador de espacio.

The work zone in the kitchen is organized around a counter which also helps to define and separate the spaces.

Arquitecto Architect: Kar-Hwa Ho

Fotógrafo Photographer: Björg

Ubicación Location: Nueva York, Estados Unidos/New York, US

Fecha de construcción Completion date: 1999

Superficie Floor space: 225m²/2,400 sq. ft.

Residencia del Dr. Heong

Los objetivos de la remodelación de este lugar fueron mejorar la calidad de los interiores, conferir al espacio mayor cohesión en sus estructuras y conseguir crear un ambiente de calma y reposo.

Las ventanas de orientación con norte están cubiertas por persianas que actúan como elemento unificador de esta zona.

Las áreas de almacenaje se esconden detrás de puertas en forma de paneles de madera que llegan hasta el techo y que disponen de raíles para colgar cuadros. Los planos de este apartamento están enfatizados por las mochetas que se practicaron en las bases y los techos, así como por la particular forma de disponer los interruptores y los enchufes, que se empotraron en la pared.

La madera oscura de los suelos contrasta con la luminosidad de las paredes y las cortinas y con los toques de intensos colores. Los sofás ofrecen una gran variedad de sensaciones táctiles, una característica que se mantiene en toda la paleta arquitectónica, muy discreta y comedida.

Dr. Heong Residence

The objectives for remodeling this space were to upgrade the quality of its interior, to give the space a greater and more cohesive structure, and to create a sense of calm and repose.

The windows along the north bank are sheathed in sunshades that thread the rooms together. Wooden wall panels create full height storage doors with an integrated picture rail.

Planar qualities are emphasized by base and ceiling reveals and recessed switch plates and outlets.

The dark wood floors contrast with the lightness of the walls and the discreet touches of bold color.

The upholstery offers a variety of tactile sensations, a feature that stands out among the subdued restraint of the architectural palette.

La madera oscura de los suelos contrasta con la luminosidad de las paredes.

The dark wood floors contrast with the lightness of the walls.

Se eligió un mobiliario de líneas limpias y simples. La mayoría de la luz es indirecta.

Custom furnishings were selected for its clean lines and simple forms. Most light is indirect and decoration is subtle.

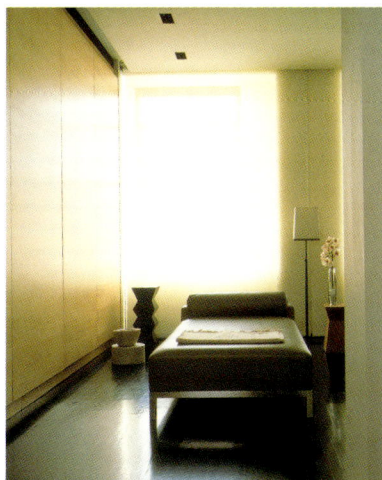

Arquitecto **Architect**: Kar-Hwa Ho

Fotógrafo **Photographer**: Björg

Ubicación **Location**: Nueva York, Estados Unidos/New York, US

Fecha de construcción **Completion date**: 1996

Superficie **Floor space**: 160 m²/1,700 sq. ft.

Loft Chelsea

El principal objetivo del arquitecto y de la diseñadora Susanna Sirefman fue poder utilizar el máximo de luz natural del exterior y poder crear un espacio fluido que definiera y separara claramente las distintas habitaciones sin utilizar las clásicas divisiones.

Aunque finalmente se debieron apoyar en recursos de iluminación artificial, lograron diseñar un espacio de iluminación homogénea y constante.

Un mobiliario muy seleccionado y unas estructuras móviles separan los diferentes ambientes. Los suelos oscuros acaban unificando el conjunto. Unos detalles de diseño consiguen distinguir las diferentes zonas creando una atmósfera relajada.

Chelsea loft

The primary goal of architect Kar-Hwa Ho and designer Susanna Sirefman in creating this project was to take full advantage of as much exterior light as possible and to develop a fluid space that would define and separate the public and private zones. To achieve this end, translucent glass and an efficient system of artificial lighting were used to endow the space with homogenous illumination and depth.

The selected furniture defines the borders between different areas, as do mobile structures.

A neutral palette and dark floors unify all the elements. The spaces remain visually linked but are perceptually individual.

Design details distinguish the various zones and create a relaxed and traquil atmosphere.

1. Acceso	1. Access
2. Cocina/comedor	2. Kitchen/dining room
3. Sala de estar	3. Living room
4. Dormitorios	4. Bedrooms
5. Baño	5. Bathroom

Un falso techo en la zona de entrada difunde luz de forma indirecta. Las separaciones entre zonas se delimitan por medio de mobiliario.

At the entrance, a false ceiling lit from above spreads indirect light. Boundaries between areas are delineated by furniture.

Un mobiliario de selección y estructuras móviles separan los diferentes ambientes.

The selected pieces of furniture define the borders between different ares.

Arquitectos **Architects**: Cecconi Simone Inc

Fotógrafo **Photographer**: Joy Von Tiedemann

Ubicación **Location**: Toronto, Canadá/Toronto, Canada

Fecha de construcción **Completion date**: 1999

Superficie **Floor space**: 280 m²/3,000 sq. ft.

Residencia en Toronto

Esta vivienda está ubicada en un antiguo barrio industrial al este de Toronto. Recientemente, fotógrafos, artistas y otros profesionales liberales se han mudado a esta zona revitalizada. Este proyecto es una de las múltiples rehabilitaciones de almacenes y fábricas que se están llevando a cabo junto a las reformas urbanas y a la introducción de comercios y equipamientos.

El objetivo de las diseñadoras era crear un espacio donde la estructura original y los elementos de la intervención se complementaran. El loft estaba originalmente dividido en dos locales, que se fusionaron en un espacio cohesivo. Se mantuvo el sistema portante antiguo y se restauraron los suelos y las columnas para recuperar la textura y el color originales, dando al espacio un aire rústico.

La vivienda se proyectó a partir de unos armarios encontrados en una vieja fábrica, unas enormes puertas de frigorífico y elementos reciclados de una cafetería. Para combinar con estas piezas, Cecconi Simone Inc. diseñaron un mostrador para la cocina, una cama con iluminación incorporada y un mueble de oficina para el despacho.

Las ventanas no se manipularon, ya que gracias a sus amplias dimensiones ofrecen una ventilación excepcional y unas asombrosas vistas de la ciudad.

El espacio doméstico fue concebido para ser totalmente flexible: las cortinas suspendidas de barras en el techo pueden moverse y cambiar la configuración del piso, o deslizarse para crear un único ambiente. Este concepto se ve enfatizado en otras partes de la residencia, como la cama, que gracias a sus ruedas puede ubicarse en distintos puntos, o su dosel móvil, que ofrece distintos grados de intimidad.

Mediante estas estrategias, se ha creado una arquitectura singular donde los usuarios pueden reflejar su estilo propio, en el cual su modo de vida se convierte en la fuerza motriz de la configuración de los espacios.

Residence in Toronto

This residence is located in an old industrial neighborhood on Toronto's east side. Recently, photographers, artists and other professionals have moved into this revitalized zone, and this particular project is one of many. The reforms in the area's warehouses and factories are being carried out along with urban replanning and the introduction of businesses and urban furnishings.

The aim of the designers was to create a space in which the original structure and the intervention's elements would complement each other. The loft was originally divided into two locales, which merged, into a single cohesive space. The old truss system was preserved and the floors and columns were newly installed to recover the original color and texture and to create a rustic effect.

The house was constructed using as base units some storage cabinets found in an old factory, some enormous refrigerator doors and some recycled pieces from a cafeteria. To match these, Cecconi and Simone designed a kitchen counter, a bed with incorporated lighting and a piece of furniture for the office.

The windows were left untouched since their large dimensions offered extraordinary ventilation and outstanding views of the city of Toronto.

The domestic space was conceived for total flexibility: the curtains, hung from rods in the ceiling, can be moved to change the domicile's configuration. They can also be arranged to create a single room. This concept is accentuated in other parts of the dwelling, such as the bed on wheels which can be moved around.

These strategies have created a unique architecture where the occupants can choose their own style.

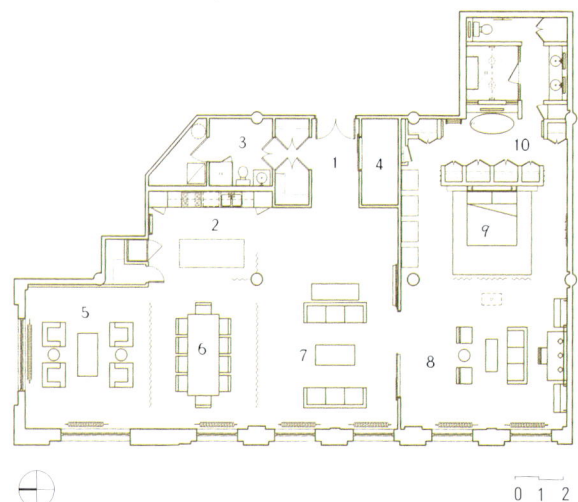

1. Entrada	1. Entrance
2. Cocina	2. Kitchen
3. Baño	3. Bathroom
4. Guardarropa	4. Wardrobe
5. Sala de estar	5. Living room
6. Comedor	6. Dining room
7. Sala de estar	7. Living room
8. Estudio	8. Studio
9. Dormitorio	9. Bedroom
10. Baño	10. Bathroom

La cama, uno de los elementos creados por Cecconi y Simone específicamente para esta vivienda, consta de una base móvil de madera maciza y de un dosel que puede regularse para ofrecer privacidad.

The bed, one of the pieces created by Cecconi and Simone specifically for this residence, is a mobile solid wood base with a moveable canopy that regulates the degree of privacy.

Arquitectos **Architects**: Blockarchitecture

Fotógrafo **Photographer**: Chris Tubbs

Ubicación **Location**: Londres, Reino Unido/London, UK

Fecha de construcción **Completion date**: 1998

Superficie **Floor space**: 175 m²/1,900 sq. ft.

Vivienda y estudio en Londres

La motivación que dirige el trabajo de estos jóvenes arquitectos es generar ambientes propicios para actividades creativas, espacios inspiradores y productivos. Su aproximación al diseño, directa y sin restricciones, se basa en la interpretación de las necesidades de los clientes.

En el diseño de este loft londinense se puede apreciar el interés de Blockarchitecture por redirigir la experiencia, el espacio y los materiales; todos ellos inmersos en una reconfiguración constante dentro del actual contexto cultural del "cortar y pegar".

La propuesta consistió en mantener lo más entera y abierta posible la estructura de hormigón que define y contiene todo el espacio. La medida y la forma de este caparazón se enfatizan por la rotundidad de la tarima de madera, el despiece de la cual se dispone según la dirección que domina el apartamento: hacia los balcones de la fachada este del edificio.

Un muro de nueve metros de longitud construido con paneles reciclados de acero domina y organiza el entorno de la vivienda. Este paramento acota el vestíbulo, un pequeño almacén, el aseo y una habitación oscura para revelar fotografías. Cuando sus puertas están cerradas, el apartamento parece quedar aislado, sin aberturas de acceso o salida que lo comuniquen con el exterior.

Las funciones domésticas restantes, la cocina y el baño, están ubicadas junto al muro opuesto. El lavabo y la ducha se colocaron, como si se tratara de cualquier otro mueble, sobre una tarima de hormigón que flota sobre el pavimento de madera, sin particiones ni cortinas. Gracias a que todos los servcicios están distribuidos en dos lados, la vivienda goza de un gran espacio que puede utilizarse para múltiples actividades si no se fijan el dormitorio ni la sala de estar; se trata de una enorme estancia multifuncional.

Flat and Studio in London

The motivating force behind the work of these young architects is their desire to create inspiring and productive spaces for creative activities. Their design approach, direct and unrestricted, is based on interpretation of and reaction to the clients' needs.

The design of this London loft demonstrates Blockarchitecture's interest in redirecting the experience, the space and the materials, all immersed in a constant new configuration within the contemporary "snip & cut" cultural context.

The idea is to keep the concrete frame, which defines and contains the entire space, as complete and open as possible. The dimensions and form of the shell are emphasized by the protagonism of the wooden floor, cut to fit the main flow of space toward the balconies on the east front of the building.

A 30-foot wall built of recycled steel panels dominates and organizes the dwelling and delimits a hall, a small storeroom, a bathroom (separate from the toilet) and a photographer's darkroom. When the doors are closed, the apartment has an isolated feel, without street access and outside communication.

The rest of the household functions, the kitchen and bath, are located beside the opposite wall. The shower-and-bathroom space is marked off as if it were a different room, on a concrete floor that floats above the wood floor, but without partition walls or curtains. Thanks to the distribution of the storage rooms on two sides, the apartment becomes a large area which can be used for many different activities without establishing either sleeping quarters or a "living room". It's just one big, multifunctional space.

1. Entrada	1. Entrance
2. Almacén	2. Storeroom
3. Armario ropero	3. Wardrobe
4. Sala de revelado	4. Darkroom
5. Aseo	5. Toilet
6. Baño	6. Bathroom
7. Cocina	7. Kitchen
8. Espacio polivalente	8. Multi-use space

0   1   2

Parte de la
iluminación del
apartamento está
dirigida al techo para
resaltar la estructura
de vigas ortogonales
rehabilitada.

Part of the apartment's
lighting installations are
focused on the ceiling to
highlight the restoration
work on the support
beams.

El baño está colocado
sobre una tarima de
hormigón que destaca
en contraste con la
madera del pavimento
de la vivienda. Esta
pieza, que adquiere un
protagonismo inusual,
utiliza distintas piezas
recicladas.

The bathtub is set on a
raised concrete dais that
stands out against the
background of the
apartment's wooden
floor, giving the tub an
unusual emphasis. Some
of the decorative pieces
are recycled.

En esta página se pueden observar distintos detalles del paramento que acota las zonas de servicio.

Photos on this page show different details of the partition that delimits the storage and utility areas.

Arquitectos **Architects**: Mark Guard Architects

Ubicación **Location**: Londres, Reino Unido/London, UK

Superficie **Floorspace**: 185 m²/2,000 sq. ft.

Fotógrafos **Photographers**: Allan Mower, John Bennet

Fecha de construcción **Completion date**: 1998

Vivienda junto al Támesis

El cliente compró un contenedor de 185 m² en la quinta planta de un antiguo almacén ubicado en la orilla del Támesis. El volumen, de forma irregular, estaba conformado por un sistema de columnas circulares y vigas, una cuadrícula de ventanas y unas oscuras paredes de ladrillo visto.

Para ordenar el espacio y proporcionar un contrapunto a la irregularidad formal, el proyecto plantea una pared de 23 m de largo que separa la habitación de invitados, el cuarto de los servicios, la cocina y los baños de la gran sala de estar. Este muro alberga todas las instalaciones y se interrumpe para hacer llegar la luz de este a la zona de la entrada. La retícula dibujada por las juntas del pavimento de piedra refuerza la presencia del muro como geometría principal y organizadora del espacio. Desde la puerta de entrada al piso, esta pared crea una falsa perspectiva que dirige la mirada hacia las vistas sobre el río. El mueble del guardarropa distorsiona esta falsa perspectiva focalizando así la atención hacia la sala de estar.

El final de la pared se convierte en la cabecera de la cama del dormitorio principal, una habitación que se puede abrir o cerrar a voluntad hacia el gran salón mediante una puerta corredera de cuatro metros. El paramento de cristal que separa la ducha del dormitorio puede cambiar su opacidad mediante un sistema eléctrico y convertirse en transparente. Desde la cama puede contemplarse la Tower Bridge a través de las ventanas.

El proyecto se pintó de blanco y se intentó ocultar todas las instalaciones de calefacción y de luz para proveer un espacio neutro que asimilara respetuosamente todos los objetos que el cliente quiera colocar.

Thameside Dwelling

The client bought a 2000-sq. ft shell on the fifth floor of an old warehouse beside the Thames. It is an irregular plan featuring a system of circular columns and beams, with a big window grid in revealed dark brick walls.

To order the space and contrast with the formal irregularity, the project relies on a 75-foot-long wall to separate the guest room, the utility room, the kitchen and the bathrooms from the large living room. This wall houses all the installations and is interrupted by a sharp break to let in light from the entranceway. The grid formed by the joints in the stone flooring reinforces the wall's role as the main geometric mass organizing the space. From the entranceway this wall creates a false perspective, directing the eye toward the views of the river. The armoire distorts this false perspective and directs the eye foward the living room.

The end of the wall forms the head of the bed in the master bedroom, a room opened or closed at the occupants' discretion. The bedroom opens onto the large living room by way of a sliding door that is 13 feet-high. An electric control system changes the glass divider, which separates the shower from the bedroom, from opaque to transparent. The bed is positioned to afford a view of the Tower Bridge through the windows.

The project was painted white and all the heating and lighting installations were concealed inside the walls to provide a neutral space that tastefully assimilates all the objects the client wishes to display.

1. Entrada	1. Entrance
2. Ducha	2. Shower
3. Cuarto de servicios	3. Utility room
4. Cama plegable	4. Folding bed
5. Puerta pivotante	5. Swing door
6. Cocina	6. Kitchen
7. Mesa deslizante de metal	7. Sliding metal table
8. Baño	8. Bath
9. Habitación principal	9. Main room
10. Balcón	10. Balcony
11. Mesa delizante de cristal	11. Sliding glass table

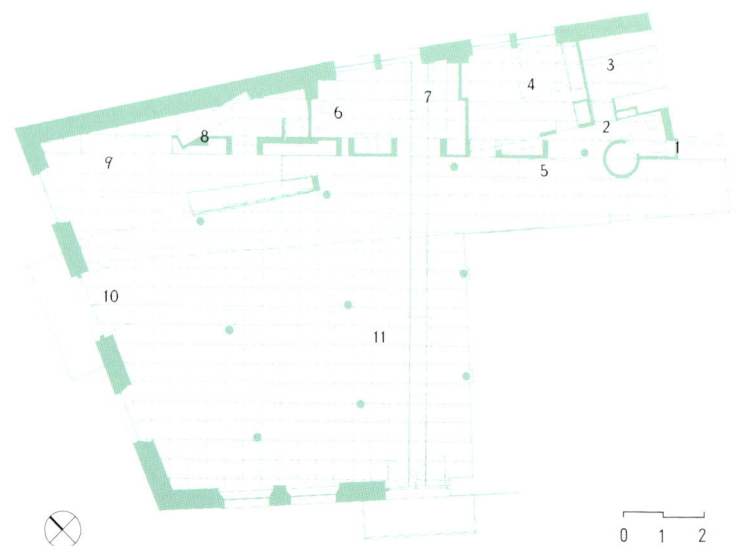

El loft está pintado de blanco y se intentó disimular todas las instalaciones para dejar un espacio limpio sin cables ni tuberías que enturbiasen la percepción del proyecto. Además, colocando todas las estancias a un lado del piso, se obtuvo una gran sala flexible que puede albergar múltiples actividades.

The loft was painted white and all the installations have been concealed so as to provide an open space free of wiring or tubing that might interfere with the perception of the space. Locating all the rooms on one side of the apartment created a large, flexible, multi-use room.

Unos carriles de acero inoxidable integrados en el pavimento de piedra permiten deslizar las mesas y variar el uso que se pueda hacer de ellas. La de la cocina puede utilizarse como un carrito o como una extensión de la mesa del comedor.

Stainless steel rails in the stone flooring allow the tables to be moved around for varied uses. The kitchen furniture can be used as a serving cart or as an extension of the dining room table.

Arquitecto **Architect**: Joan Bach

Fotógrafo **Photographer**: Jordi Miralles

Ubicación **Location**: Barcelona, España/Barcelona, Spain

Fecha de construcción **Completion date**: 2000

Superficie **Floor space**: 125 m²/1,340 sq. ft.

Loft a cuatro niveles

El proyecto ocupa los bajos de un edificio en Gràcia, un barrio emblemático del centro de Barcelona. Toda la construcción fue objeto de una remodelación por parte del arquitecto Joan Bach, que se apropió de las primeras plantas para proyectar una vivienda con despacho incluido.

La particularidad del loft reside en la creación de cuatro niveles diferenciados que permiten delimitar las distintas zonas funcionales sin necesidad de levantar paredes. A excepción de los baños, las estancias están comunicadas, al menos parcialmente, con el resto de la vivienda.

La planta baja acoge la entrada, una pequeña recepción del despacho y un aseo. Mediante una plataforma metálica accionada mecánicamente se accede al dormitorio y al baño, ubicados encima del vestíbulo.

Desde el nivel de acceso, tres peldaños bajan a la sala de estar, que tiene doble altura, y a un patio de dimensiones reducidas pero que gracias a los muros bajos que lo limitan proporciona abundante luz natural a la vivienda. El doble espacio de la sala alberga un pequeño altillo donde se ubica el estudio, que tiene vistas al exterior.

La lógica que ha llevado a distribuir tan eficazmente la casa también ha regido los criterios de la decoración: la elección de los muebles (algunos de exclusivo diseño y otros muy económicos), el ajardinamiento exterior (de estilo zen) y la iluminación, que se ideó para crear ambientes relajados.

Los detalles constructivos se diseñaron cuidadosamente para ofrecer acabados perfectos y soluciones que hicieran más confortable la estancia en el loft. Un buen ejemplo de esta diligencia son las claraboyas, que están dotadas de un mecanismo eléctrico que permite mover sus cerramientos para aumentar la ventilación del conjunto.

Four-level loft

This project takes up the first floors of a building in the Gracia Quarter, an emblematic neighborhood in downtown Barcelona. The entire construction was refurbished by the architect Joan Bach, who designed the first stories to accommodate an apartment for his own use, with an office included.

The uniqueness of the loft apartment lies in the creation of four differentiated levels that contain a space for each function without the use of walls. Except for the baths, the rooms are interconnected, at least partially.

The ground floor houses the entranceway, a small reception office and a bathroom. Use of a mechanically operated metal platform provides access to the bedroom and to the bathroom, which are located above the hall.

From the access floor, three steps descend to the double-height living room and to a handkerchief patio which, thanks to the low walls around it, brings abundant natural light into the apartment. The living room, with its increased height, has a small attic addition with a studio that affords exterior views.

The logic that led to such efficacious distribution also governs the décor criteria. The selection of furniture (some exclusively designed, others bought on the cheap), the exterior garden (Zen-style) and the lighting create a relaxing and soothing atmosphere..

Construction details were carefully thought out to include fine finishes. The design solutions are oriented toward all the comforts of loft living. A good example of this diligence are the skylights, operated by an electric mechanism that opens their locks to increase overall ventilation.

1. Entrada	1. Entrance
2. Aseo	2. Toilet
3. Recepción	3. Reception
4. Comedor	4. Dining room
5. Sala de estar	5. Living room
6. Dormitorios	6. Bedrooms
7. Baño	7. Bathroom
8. Estudio	8. Studio

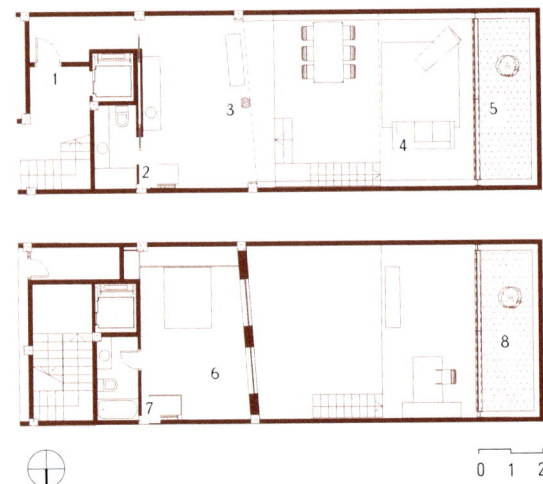

Debido a la altura de los techos, los ventanales y las claraboyas, la amplitud y luminosidad de la vivienda son patentes en todas las estancias.

Photos on last page show the space from different angles. The dwelling's ceiling height, large windows and skylights create wide spaces and luminosity.

Arquitectos **Architects:** Cha & Innerhofer Architects

Fotógrafo **Photographer:** Dao-Lou Zha

Fecha de construcción **Completion date:** 1998

Colaboradores **Collaborators:** Kaz Morihata, Ali Turan Koluman, Christopher Moon

Ubicación **Location:** Nueva York, Estados Unidos/New York, US

Superficie **Floor space:** 372 m²/4,000 sq. ft.

Residencia Renaud

Este loft de casi 372 m² es la vivienda de un joven banquero en el Soho neoyorkino. Es a la vez el refugio ideal para evadirse del estrés profesional y la fatiga de frecuentes viajes transatlánticos, y el punto de encuentro elegante y relajado para sus invitados. La arquitectura del proyecto permite la transformación de un apacible espacio doméstico en un bullicioso centro social, que refleja el carácter del barrio donde conviven la tranquilidad de una zona residencial y el alboroto de los comercios y las galerías.

El diseño del loft explora la tradición modernista de planos y volúmenes, opacidad y transparencia, y la interacción de distintos materiales. El proyecto adopta las cualidades de la arquitectura contemporánea y a la vez es respetuosa con la edificación existente.

La vivienda está dividida en dos mitades iguales: la primera cumple las funciones públicas y se caracteriza por el juego de planos, paredes y suelos. La otra satisface las funciones privadas y está delimitada por una partición de madera de cerezo que esconde las habitaciones. La iluminación de esta zona se efectúa mediante una ventana traslúcida en el muro que deja pasar la luz preservando la intimidad. Además, el falso techo se ve interrumpido por tragaluces que ya existían en la edificación original.

La introducción de movimiento en los planos, como puertas correderas o pivotantes, enriqueció la relación entre las estancias y la percepción del ambiente. Asimismo, la luz fluye con menor dificultad.

El proceso de construcción incluyó elementos de obra y volúmenes prefabricados, en los que el control fue exhaustivo y la materialización del diseño, más rigurosa. El objetivo global era relacionar el desarrollo de la construcción con las intenciones del diseño.

Renaud Residence

This 4,000-square foot loft in New York's Soho district is the home of a young banker. It is an ideal refuge from the professional stress and fatigue brought on by frequent transatlantic trips and an elegant and relaxed meeting point for his friends. The architectural remodeling job turned it into a quiet domestic space inside a thriving social center. The space reflects the character of the neighborhood where the peace and quiet of a residential zone merges with the bustle of the stores and galleries.

The loft's design explores the Modernist tradition of planes and masses, opaque and transparent, and the interaction of different materials. The project adopts the qualities of contemporary architecture yet respects what was previously there.

The dwelling is divided into two equal halves: the first satisfies public functions and is characterized by the way the plane surfaces, walls, and floors play off each other. The other half satisfies private needs by using a cherry wood partition as a boundary to hide the rooms. This zone is lit by a translucent window in the wall that lets light in but preserves privacy. The false ceiling is interrupted by skylights from the original structure.

The introduction of movement in the planes, like sliding doors or swing doors, brought out the relation between the rooms and the perception of the whole. Light flows easily among the different areas.

The building process included elements created on the spot and others that were prefabricated, where the control and design demands were more rigorous. The overall aim was to relate the development of the construction with what came off the drawing board.

1. Entrada	1. Entrance
2. Comedor	2. Dining room
3. Cocina	3. Kitchen
4. Sala de la televisión	4. TV room
5. Pasillo	5. Corridor
6. Dormitorio principal	6. Master bedroom
7. Baños	7. Bathrooms

0 1 2

Los muros y algunos elementos del mobiliario tienen muescas geométricas. Este retranqueo en los volúmenes es a veces un mero gesto formal, pero en otras ocasiones es funcional y sirve, por ejemplo, como estante o mesita.

The walls and some of the pieces of furniture have geometric mortises. Insome cases, these hooks are mere formal gesture, but in others, they are functional and can be used as shelves or small tables.

El mobiliario de la cocina fue diseñado por los arquitectos. Los armarios son de madera de cerezo y los mostradores, de acero inoxidable. La pared que separa la cocina del pasillo está compuesta por una estantería y una ventana de cristal tratado al ácido. Estos elementos permeables a la vista y a la luz permiten relacionar perceptivamente las estancias.

The architects designed the kitchen furnishings. The cabinets are cherry wood and the counters are stainless steel. The wall separating the kitchen from the hall is made up of a shelf and an etched glass window. These elements, penetrable to the gaze and of course to light rays, play a unique role in perception of the spaces.

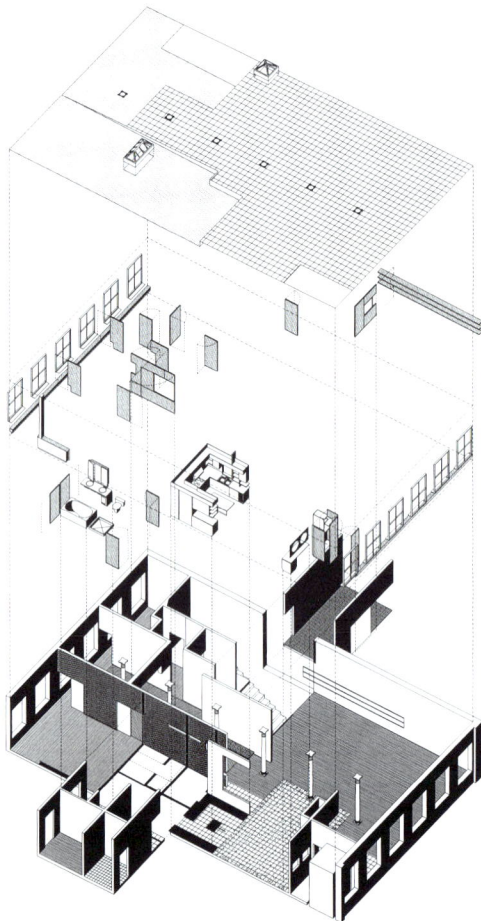

Perspectiva axonométrica
Axonometric perspective

Los pavimentos de la sala de estar, el pasillo y la habitación son de madera de arce; el de la sala de la televisión, un poco elevado, es de nogal, y los de la cocina y el comedor son de piedra caliza.

The floor in the living room, hall and the bedroom is made of maple wood. The floor in the television room, slightly raised, is walnut, and the floors in the kitchen and dining room are limestone.

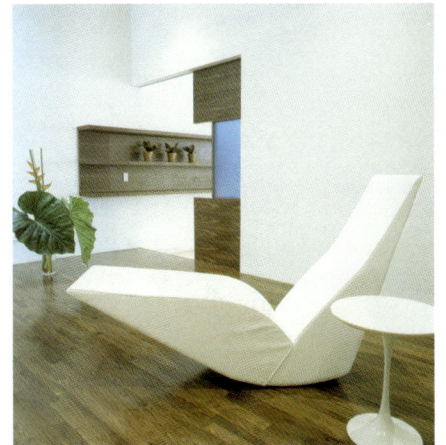

Arquitectos **Architects**: Olli Sarlin & Marja Sopanen

Fotógrafo **Photographer**: Arno de la Chapelle

Ubicación **Location**: Helsinki, Finlandia/Helsinki, Finland

Fecha de construcción **Completion** date: 1997

Superficie **Floorspace**: 85 m²/910 sq. ft.

Casa Silmu

Esta vivienda está ubicada en la planta baja de una antigua fábrica textil. El edificio, de ladrillo rojo, fue construido en 1928 en el centro histórico de Helsinki y hace unos años se rehabilitó para albergar viviendas.

La planta baja sirvió originalmente como oficina de la fábrica y posteriormente se convirtió en un espacio comercial. En los años ochenta se cubrieron todas las vigas con un falso techo y se pavimentaron de nuevo los suelos.

El objetivo del proyecto era redescubrir la antigua estructura de la fábrica, que carecía de muros portantes, y convertirla en un apartamento de planta libre. Todas las particiones verticales fueron eliminadas y se derribaron los falsos techos. Se restauraron las vigas de hormigón, se pintaron con cola teñida algunas partes del techo, y el ladrillo visto, una vez limpio, se rejuntó con una mezcla de cerveza y aglutinante.

Las viguetas de madera usadas en el entrevigado se reutilizaron como montantes para el pavimento de pino barnizado con el que se cubrió el suelo original. La acústica del suelo fue mejorada gracias a un aislamiento de celulosa; así, además de absorber la reverberación del sonido se amortigua el ruido que se produce al andar. El entarimado de madera no llega a los muros y deja un hueco que alberga las cañerías de la calefacción, con lo que se evitaron las regatas en las paredes.

La vivienda tiene forma de L, en el lado más corto se encuentran el baño y la cocina, y en el otro –que recorre toda la profundidad del edificio– se ubican una gran sala de estar y el dormitorio.

Una estructura cubierta de contrachapado alberga el baño, el horno y los armarios de la cocina. Este nuevo volumen no llega al techo así que da lugar a un espacio que puede utilizarse como pequeño trastero.

Silmu Residence

This dwelling is located on the ground floor of an old textile factory. The red brick building was constructed in 1928 in the historic center of Helsinki and was renovated into apartments several years ago.

The ground floor originally served as the factory office and was later converted into a commercial space. In the Eighties, all the beams were covered with a false ceiling and various floorings were added.

This project's objective was to uncover the factory's antique structure and convert it into an apartment with open space. All the vertical partitions were eliminated and the false ceilings removed. The steel beams were restored and some parts of the ceiling were painted with tinted glue. The brick, once cleaned, was rejoined using a mixture of beer and agglutinating agent.

The wooden tie beams were reused as supports for the varnished pine floor that was installed on top of the original one. The architects improved the floor's acoustics by adding cellulose, which absorbs sound reverberations and cuts down on the noise made by walking. The architects left a space between the wooden floorboards and the walls, in which to insert the heating pipes.

The L-shaped residence is organized so that the bathroom and kitchen occupy the smaller part of the apartment. A large living room and bedroom are located in the more spacious area that covers the building's entire dimensions.

The bathroom is housed in a new covered structure made of plywood that also contains, on one end, the oven and the kitchen cabinets. This new volume does not reach the ceiling in order to leave a space that can be used for storage.

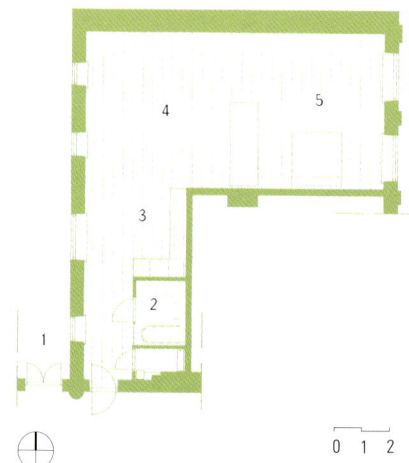

1. Entrada	1. Entrance
2. Baño	2. Bathroom
3. Cocina	3. Kitchen
4. Sala de estar	4. Living room
5. Dormitorio	5. Bedroom

0 1 2

Casi todos los elementos que
conforman la vivienda son móviles,
así que permiten dividir los
ambientes según la conveniencia de
la situación. Además, muchos de los
materiales son reciclados: los
muebles que separan la sala de estar
y el dormitorio pertenecieron a un
hospital; los fregaderos son de
segunda mano, y el mobiliario de la
cocina había sido diseñado
inicialmente para uso industrial.

All the elements that make up the
residence are mobile and allow different
divisions. The architects also used
various recycled materials such as
antique cabinets from a hospital,
secondhand refrigerators and kitchen
cabinetry that was originally designed
for industrial use.

Para enfatizar que se trata de una estructura nueva, el volumen que alberga el baño no llega hasta el techo. De esta manera, surge un espacio que sirve como pequeño almacén.

The space housing the bathroom does not reach full interior height. This emphasizes the new mass and leaves a small storage area free.

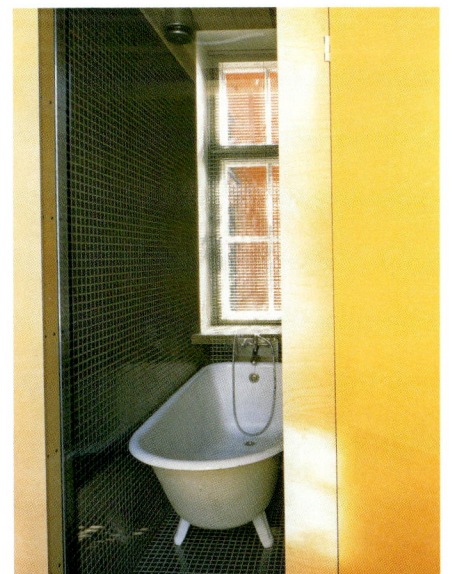

Arquitectos Architects: Non Kitch Group

Fotógrafo Photographer: Jan Verlinde

Ubicación Location: Oostduinkerke, Bélgica/Oostduinkerke, Belgium

Fecha de construcción Completion date: 2000

Superficie Floorspace: 180 m²/1,935 sq. ft.

Calypso Hill

El promotor de Calypso Hill quería ofrecer un nuevo tipo de apartamento, una vivienda original en armonía con los principios de la arquitectura posmoderna. La superficie oval del loft estaba rodeada enteramente por una fachada perimetral de 36 m materializada en cristal, cualidad que asustaba a muchos de los clientes, acostumbrados a viviendas compartimentadas y cerradas al exterior. El reto era demostrar a los propietarios que se puede vivir en espacios diáfanos y aventajarse de las vistas del exterior en todas las zonas de la casa, sin que la privacidad se vea afectada.

El equipo de arquitectos, compuesto por Linda Arschoot y William Sweetlove, empezó a trabajar sobre el contenedor vacío, compuesto por once pilares y dos núcleos de instalaciones. La idea que rigió el proyecto era crear una gran sala de estar alrededor de la cual se desarrollasen las otras estancias abiertas a las espectaculares vistas.

El objetivo era inundar el piso con la luz cambiante que llega del canal de la Mancha, tantas veces reproducida en las emblemáticas pinturas de Rembrandt o Rubens. También se quisieron introducir las vistas de una pequeña capilla cercana y de una típica granja normanda situada en lo alto de una duna.

Se dispuso un pasillo central que separa en dos el apartamento y que goza de las vistas ya desde la entrada. El ala izquierda acoge la habitación y el baño principales, y la derecha, el almacén y el lavadero. El corredor se descompone al llegar a las estancias comunes.

El loft se calienta mediante un sistema de calefacción radiante ubicado debajo del pavimento de planchas de madera de roble. Los armarios, la cocina y los muebles de la habitación fueron diseñados por los mismos arquitectos.

Calypso Hill

The promoter of Calypso Hill wanted to offer a new type of apartment, an original dwelling in harmony with postmodernist architecture. The loft's oval plan was entirely dominated by a 118-foot glass façade, which made many clients apprehensive. They were used to compartmentalized dwellings closed to the exterior. The challenge was to show prospective owners that it is possible to live in diaphanous spaces open to the exterior views available from every part of the house without relinquishing privacy.

The team of architects, Linda Arschoot and William Sweetlove, began work on the empty shell, made of eleven columns and two installational nuclei. The project's key idea was to create a large living room around which to develop the other rooms, which would, of course, be open to the spectacular views.

The aim was to inundate the apartment with changing light from the Channel, often depicted in the emblematic paintings of Rembrandt or Rubens. It was also desirable to introduce views of a small chapel nearby and a typical Norman farmhouse situated on a dune.

A central passageway was laid out to separate the apartment into two parts. From its origin in the entranceway, this provides stunning views. The left-hand side houses the master bedroom and bath; the right-hand side contains the storeroom and the laundry room. The passageway opens onto the non-partitioned spaces.

Heating is provided by a radiator system under the oak flooring. The architects custom-designed the storage units, the kitchen and the bedroom furniture.

1. Entrada	1. Entrance
2. Aseo	2. Toilet
3. Baño	3. Bathroom
4. Sala de estar	4. Living room
5. Cocina	5. Kitchen
6. Barra	6. Bar
7. Dormitorio	7. Bedroom
8. Comedor	8. Dining room
9. Escalera	9. Staircase

0 1 2

Exceptuando el baño, todas las estancias de la casa están abiertas y se comunican entre sí. La cocina está limitada por dos muebles, uno alto que contiene los electrodomésticos, y otro bajo que alberga armarios y sirve como barra donde comer. Las sillas fueron diseñadas por los mismos arquitectos.

Aside from the bath, all rooms are open and interconnected. The kitchen is demarcated by two pieces of furniture, one high piece housing the appliances, and a low piece with storage units that doubles as a counter for light meals. The chairs were custom-designed by the architects themselves.

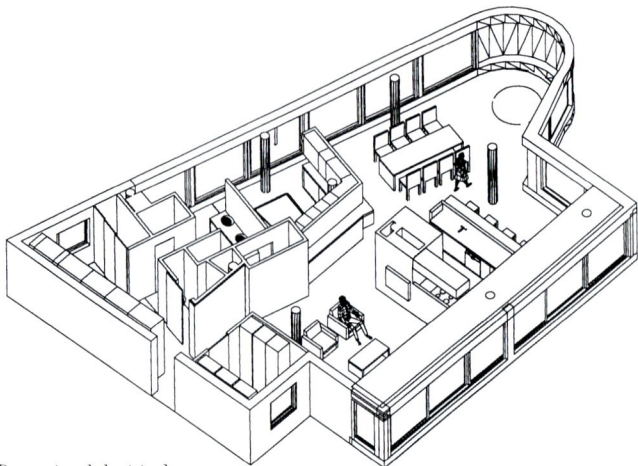

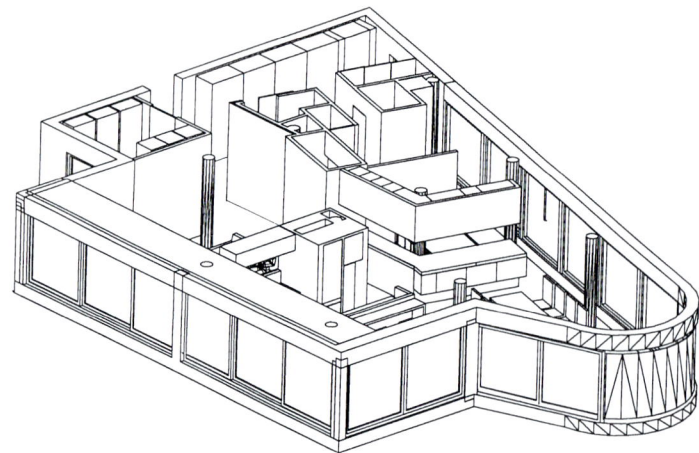

Perspectivas de la vivienda
Perspectives of the dwelling

Se accede a la terraza del piso superior mediante una escalera de caracol ubicada en uno de los extremos de la vivienda. Está compuesta por un pilar estructural, unos peldaños delgados y una barandilla fina, y forma un conjunto estilizado que no entorpece las vistas que ofrecen los ventanales.

Access to the upper-level terrace is by way of a spiral staircase at one end of the apartment. This element includes a load-bearing column, a series of thin rungs and a svelte handrail forming a stylized whole that avoids interrupting the splendid views seen through the large windows.

El domitorio principal ocupa un mueble que se separa del resto del loft mediante unas cortinas. Estas divisiones tan etéreas y traslúcidas permiten gozar de las vistas desde la cama.

Master bedroom closure is by way of curtains alone. Such borders are so ethereal and translucid that they blend into the views of the exterior.

Arquitectos **Architects**: Frank Lupo & Daniel Rowen   Ubicación **Location**: Nueva York, Estados Unidos/New York, US   Superficie **Floorspace**: 150 m²/1,600 sq. ft.

Fotógrafo **Photographer**: Michael Moran   Fecha de construcción **Completion date**: 1995

Apartamento blanco

Este proyecto transformó dos apartamentos tradicionales, ubicados en Park Avenue, en uno solo. Los espacios interiores comunican la idea de abstracción, que se refuerza gracias a la eliminación de algunas ventanas y a las pantallas translúcidas que se dispusieron. La idea de la ausencia de mobiliario se desarrolló a partir de que el cliente determinó que el juego de la luz contra los diversos planos de los muros, de los suelos y el techo satisfacía por sí solo su gusto.

El suelo de madera fue pintado de blanco, del mismo modo que los muros y los techos. Los tabiques están levemente separados del suelo, como si no lo tocaran. De este modo ofrecen una sensación de no ser fijos, de que pueden moverse. Las puertas correderas van de suelo a techo y el riel que las sostiene está empotrado, de modo que sólo se ve el plano de la puerta. Las pantallas de tela blanca translúcida que filtran la luz y aíslan el espacio visualmente del exterior también han sido instaladas de modo que los soportes y accesorios para accionarlas no queden a la vista.

La estética minimalista del apartamento crea un paisaje de meditación que se separa radicalmente de las energías y las influencias de esta zona de Manhattan.

White Apartment

This project joined two traditional apartments located on Park Avenue (New York, US) into one. The new interior space communicates the idea of abstraction, reinforced by the elimination of several windows and the use of translucent screens.

The notable absence of furniture was the client's idea.

He was drawn to the play of light against the diverse planes of the walls, floors and ceilings.

The wood floors are painted white, as are the walls and ceilings. The partition walls are slightly separated from the floors, so as not touch to them. This technique gives the sensation that the partition walls are not fixed and are able to move. The hallway doors extend from the floor to the ceiling and the rails that support them are built-in, so that only the plane of the door is visible. Screens made of translucent white fabric filter the space and isolate it visually from the exterior.

The supports and accessories that operate the screens are also invisible.

The minimalist aesthetic of the apartment creates a landscape of meditation that is radically different from the energies and influences of Manhattan.

The reductionist separation of this project gives the occupant a space in which to explore his feelings without interruption. This is a place to listen to light, to see silence, and to dream.

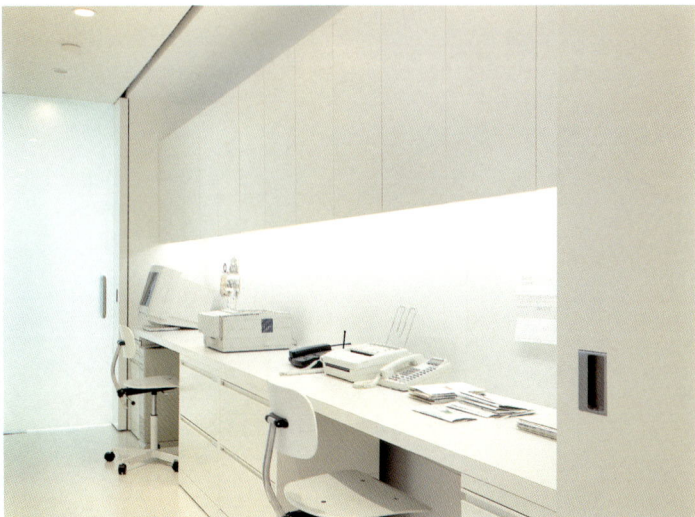